# JUBILACIÓN CON PROPÓSITO: LAS 10 R'S PARA UNA JUBILACIÓN CON JÚBILO

**César A. Aguirre**
**Jubilación con Propósito: Las 10 R's para una jubilación con júbilo**
***Una guía práctica y reflexiva para redescubrirte y florecer en la etapa de la jubilación***



Publicado por Spines
ISBN: 979-8-90002-655-8

Spines

# JUBILACIÓN CON PROPÓSITO: LAS 10 R'S PARA UNA JUBILACIÓN CON JÚBILO

## UNA GUÍA PRÁCTICA Y REFLEXIVA PARA REDESCUBRIRTE Y FLORECER EN LA ETAPA DE LA JUBILACIÓN

CÉSAR A. AGUIRRE

# ÍNDICE

*Dedico este trabajo , con profunda gratitud, a mi esposa, Silvia, mi compañera inquebrantable, por su amor, paciencia y aliento. A mis hijos, Silvia Elena y César Alberto y a sus cónyuges Chris y Nicole, y a mis nietos, Mía, Sophía, Gabriela, Mateo y Enzo, porque son la alegría y la motivación de mi existencia y la verdadera medida de mi éxito y propósito.*

*Agradezco profundamente a los profesores por la base de conocimientos y el sentido de curiosidad que me inculcaron, así como a los líderes visionarios, consejeros, y mentores que generosamente compartieron su experiencia, me guiaron y creyeron en mi potencial. Este libro refleja todo lo que aprendí y viví, gracias a ustedes.*

*"Intenta dejar este mundo un poco mejor de cómo lo encontraste. Y cuando llegue tu turno de partir, podrás morir feliz al sentir que, en cualquier caso, no has desperdiciado tu tiempo, sino que hiciste lo mejor que pudiste."*

—LORD ROBERT BADEN-POWELL,
*Fundador del Movimiento Scout.*
*Último mensaje a los Scouts*

# PREFACIO
## POR ROGER WHITNEY

Como asesor y consejero de jubilaciones y fundador del Rock Retirement Club, he tenido el privilegio de conversar con miles de personas que se acercan a su retiro. Gracias al esfuerzo, el ahorro, la perseverancia y, sí, algo de buena suerte, la mayoría ha logrado construir los medios para financiar su jubilación con éxito. Sin embargo, he notado una crisis de confianza: aunque disponen de recursos financieros, a muchos les falta la confianza para aprovechar su oportunidad de vivir la jubilación al máximo. Esto representa un problema. Ese miedo no solo les impide disfrutar de una jubilación plena, sino que también priva al mundo de sus talentos y dones únicos. ¡Y el mundo los necesita!

Por eso, me entusiasma tanto lo que César Aguirre ofrece en *Jubilación con propósito: Las 10 R's para una jubilación con júbilo.* Como alguien que realmente está recorriendo este camino, César aporta algo poderoso: un marco práctico para redescubrirse y reimaginarse a si mismo, estableciendo la confianza no solo para vivir la jubilación al máximo, sino también para hacer del mundo un lugar mejor en el proceso.

He tenido la oportunidad de trabajar con César en su preparación y transición hacia la jubilación. Pero nuestra relación va más allá de la sala de reuniones. César y su esposa Silvia me han recibido en su hogar, cocinando y compartiendo historias sobre sus pasiones: la familia, la mentoría y, por supuesto, ¡el tequila! Lo que más me impactó no fue solo su enfoque reflexivo en la planificación de la jubilación, sino también cómo se conecta de manera natural con la vida, ya sea enfrentando desafíos de salud en la familia, celebrando a sus hijos y nietos, o simplemente estando presente con un amigo como yo. En esa disposición a "estar ahi" es donde ocurre la magia.

Cesar entiende de lo que ésto se trata. Su jubilación no es solo los números en el sentido financiero. Se trata de lo que puede hacer con sus recursos (tiempo, talentos, finanzas y espíritu) para estar al servicio de otros (como buen Boy Scout" Siempre listo!). Esa curiosidad, ese interés, y esa voluntad de involucrarse encendieron algo notable: primero, una idea original de escribir un artículo que me compartió. Luego, un correo con un borrador de documento técnico más desarrollado. Y ahora, este libro. Ver esta evolución ha sido como presenciar el propósito en la jubilación en acción: un jubilado que tira del hilo de un interés y lo sigue a donde lo lleve (y en el proceso, crea una nueva versión de sí mismo).

Esto es lo que hace tan valioso el libro de César. Mientras que planificadores, coaches, investigadores y periodistas pueden hablarte sobre la importancia de encontrar un propósito en la jubilación, César te muestra cómo aplicar esto en la práctica. No solo te explica qué hacer, sino que también te proporciona un plan de acción.

Lo que aprecio especialmente es cómo César aporta su perspectiva como inmigrante a estas conversaciones sobre jubilación y propósito. Sus ideas amplían nuestra comprensión de lo que puede ser una jubilación significativa en distintas culturas y trayectorias.

Este libro, escrito por un jubilado para otros jubilados, resulta accesible y muy real. César entiende las preguntas, miedos y emociones que acompañan esta etapa porque la está viviendo. Aún más importante: si él está tomando pasos para crear una nueva versión de sí mismo, tú también puedes hacerlo.

He sido testigo de viajes de descubrimiento similares con muchos clientes y miembros del club: unirse como voluntarios a la patrulla de esquí, lanzar podcasts, enseñar a otros, producir miel de maple , iniciar clubes de lectura, asumir el rol de abuelo o abuela, dominar el acolchado (patchwork) o simplemente convertirse en lectores voraces de gran literatura. Cada quien encontró su propósito explorando sus curiosidades y siguiendo el hilo para ver a dónde conducía. Lo hermoso es que no hay una única respuesta correcta ni una sola respuesta, solo la tuya.

El propio camino de César al escribir este libro sirve como el ejemplo perfecto de este proceso. Siguió su curiosidad sobre las transiciones a la jubilación y, al hacerlo, descubrió parte de su propio propósito e identidad como escritor. Ahora, al compartir su marco basado en la experiencia real, está ayudando a otros a iniciar su propio viaje de descubrimiento.

Ya sea que te acercas a la jubilación, o si recién acabas de jubilarte, y aún si ya llevas tiempo en esta etapa de la vida, "Jubilación con propósito" ofrece herramientas prácticas para crear una jubilación no solo cómoda, sino verdaderamente de júbilo. Las 10 R de César te dan el marco para tener confianza en tus decisiones y la nueva dirección de tu vida. Cesar nos recuerda que la jubilación no es un final: es una invitación a explorar, crecer, jugar y compartir tus dones con el mundo. Dicho más directamente, nos lanza un desafío: ¿lo aceptarás?

Tienes una sola oportunidad de vivir tu jubilación al máximo. No dejes que el miedo o la incertidumbre te impidan tomarla. Deja que el camino de César y su sabiduría práctica te guíen hacia el descubrimiento de lo que podrá ser tu manera única de hacer que estos años cuenten, para ti y para todas las personas cuyas vidas tocarás.

¡Huzza!

**Roger P. Whitney**
**CFP®, CIMA®, CPWA®, RMA®**
**Presentador del Podcast *The Retirement Answer Man***
**Fundador del Club Rock Retirement**

# PRÓLOGO

> "La jubilación es cuando deberías dejar de vivir para trabajar y empezar a trabajar para vivir."
>
> ANÓNIMO

A riesgo de sonar cliché, creo firmemente que la jubilación no es un final, sino la llegada a una puerta que abre muchas nuevas oportunidades. Para muchos, significa terminar una etapa, dejando atrás una vida laboral activa y entrando en un período que, aunque ofrece un merecido descanso, también puede ser un territorio completamente desconocido. Pero, ¿y que tal que la jubilación fuera la etapa más enriquecedora, vibrante y auténtica de tu vida? ¿Y si este momento de cambio fuera una oportunidad para rediseñar tu vida con mayor conocimiento, libertad, propósito y alegría? ¿Te imaginas una jubilación llena de significado, felicidad y plenitud? Este libro intenta mostrar cómo lograrlo.

Este libro nace de una convicción profunda: **la jubilación no debería vivirse como una etapa de despedida, sino como un renacimiento.**

Tras más de cuatro décadas en el mundo corporativo y al empezar a vivir mi propia transición hacia la jubilación, entendí que lo más importante no era lo que dejaba atrás, sino lo que podía crear hacia adelante. Me pregunté: "¿Hacia qué me estoy moviendo?" en lugar de "¿De qué me retiro?". Con el tiempo, descubrí que las respuestas a éstas preguntas no solo eran importantes, sino también urgentes.

Aún estaba absorto en el mundo corporativo, dedicado a mi trabajo diario, y las primeras respuestas comenzaron a llegar tras unos meses de reflexión, conversaciones con amigos, familia, mentores, compañeros de trabajo y la lectura de cualquier material sobre este tema que caía en mis manos. En ese proceso, los enseñanzas clave fueron que la jubilación es una oportunidad para la reinvención personal, que la conexión con otras personas es fundamental para florecer, y que el propósito y la pasión son esenciales para una vida plena en esta nueva etapa. Así fue como finalmente logré diseñar este modelo de **las 10 R's**. Este modelo busca ofrecer una brújula y un mapa, una forma de navegar los cambios, internos y externos, con intención, curiosidad y alegría. Porque sí, de verdad se puede vivir y disfrutar la jubilación con júbilo. Y esto que digo no es un juego de palabras; es una decisión personal de vida.

Escribo estas líneas a poco más de dos años después de haber dejado atrás aquel mundo corporativo y de haber desarrollado y aplicado, en mi propia vida cotidiana, elementos de éste modelo que ahora comparto contigo con orgullo, humildad y entusiasmo.

Este libro no pretende darte recetas mágicas. Lo que encontrarás aquí son mis reflexiones, algunas provocaciones, ejercicios prácticos, ideas para tu propia reflexión y, sobre todo, una guía flexible que puedes adaptar a tu ritmo, tu historia y tus sueños. Porque cada jubilación es única, pero todas merecen vivirse con propósito. Esta etapa puede ser tan rica en descubrimientos como cualquier otra, e incluso más intensa en aprendizajes si te das permiso de escucharte, explorar nuevos caminos y abrir tu mente a lo inesperado.

Este modelo de las 10 R's está diseñado para todas aquellas personas que desean prepararse para disfrutar de su jubilación, independientemente de su trayectoria. Algunas reflexiones resonarán más con quienes tuvieron una carrera en el ámbito corporativo, mientras que otras serán más relevantes para quienes trabajaron en oficinas, talleres, fábricas, negocios o emprendimientos propios, ya sean grandes o pequeños. No importa de dónde vienes; lo que cuenta es definir hacia dónde quieres ir. La verdadera pregunta no es "¿De qué me retiro?", sino "¿Hacia qué me retiro?". La invitación es simple: vivir esta etapa con sentido, con plenitud, y con alegría.

Planificar la jubilación no requiere una edad mínima ni tiene fecha de caducidad; revisar tu situación actual es un acto de preocupación por ti mismo, una pausa consciente y deliberada para escucharte y empezar, desde donde estés, a avanzar hacia lo que realmente deseas vivir y disfrutar con entusiasmo, alegría y sensación de autorrealización.

Si estás acercándote a la jubilación, recién comenzando esta etapa, o ya en ella pero sintiendo que aún hay más por explorar, este libro es para ti. No se trata de empezar de cero ni tener cierta edad; solo necesitas estar dispuesto a abrirte a las alegrías que esta etapa puede brindar. No estás solo; muchos estamos atravesando este camino con dudas, esperanza y ganas de seguir creciendo.

Bienvenido a este viaje. Redescubramos la jubilación juntos, con intención, compasión y alegría. Porque jubilarse no es desaparecer; jubilarse es florecer y dar fruto en campos nuevos y motivadores.

# DESTRUYENDO MITOS

## PRESENTACIÓN DEL MODELO DE LAS 10 R'S

En los **países de habla inglesa**, "retirement" significa abandonar la vida laboral activa. Frecuentemente, se asocia con descansar, disponer de más tiempo libre y atender asuntos personales que se habían pospuesto... ¡O, simplemente, no hacer nada! El término proviene del antiguo francés "retirer", que significa "retirarse". Originalmente, se utilizaba para describir a los miembros del personal militar que abandonaban el servicio activo por condiciones físicas deterioradas. Con el tiempo, el término se amplió para referirse a quienes dejaban la vida laboral, ya fuera por edad o por enfermedad.

En **italiano**, se acostumbra la palabra "pensionato" (o "pensionata" para mujeres), donde "pensione" hace referencia al dinero (pensión) que se recibe tras años de trabajo. Su raíz latina, "pensio", significa "pago" o "asignación", aludiendo a la remuneración por los servicios prestados. El énfasis está en lo que se recibe al dejar de trabajar, más que en la experiencia vivida.

En **chino simplificado**, la jubilación se escribe "退休" (tuìxiū), donde " 退 " significa retirarse y " 休 " representa descanso. El concepto literal transmite la idea de dejar el trabajo para descansar.

En **ruso**, "пенсионирование" (Pensionirovaniye) expresa la transición hacia una pensión, marcando el fin del ciclo de trabajo activo.

En **portugués**, se usa "aposentadoria", y la persona jubilada es "aposentado" (o "aposentada" para mujeres), que proviene del latín appositus, que puede interpretarse como "puesto a un lado" o "dejado aparte". Para mí, esta connotación tiene aún más una cierta carga negativa, como si la persona fuera marginada o excluida.

Y finalmente, en muchos países **hispanoparlantes** se utiliza la palabra "jubilación". ¡Y qué palabra tan poderosa! Su origen está en el latín *jubilatio*, que significa "júbilo" o "regocijo". Históricamente, se asociaba con celebraciones y triunfos. Hoy, implica una etapa para disfrutar los frutos del esfuerzo, compartir con los seres queridos y explorar pasiones personales. Esta visión de la jubilación como celebración y oportunidad de realización personal es la que guía este libro.

Tal vez por mis propias raíces culturales, me identifico mucho más con "jubilación" que con cualquier otro término. Siempre he pensado que el cierre de una carrera profesional no debe interpretarse como una despedida silenciosa por dejar de ser útiles, sino como una celebración alegre de una nueva etapa: una oportunidad para festejar, disfrutar, crecer y relajarse de forma consciente y placentera.

La visión que comparto contigo en éste trabajo nace de ese espíritu: una **jubilación celebratoria**, basada no en la resignación, la inactividad, el quedar a un lado, o empezar a recibir la pensión, sino en **el júbilo, la plenitud y** el desarrollo **personal**. Esa es la base del marco que propongo:

## LAS 10 R'S: UNA BRÚJULA PARA UNA JUBILACIÓN CON PROPÓSITO Y JÚBILO

La jubilación no solo trata de lo que dejas atrás, sino de todo lo que puedes descubrir hacia adelante. Para facilitarte esta transición con claridad, confianza y entusiasmo, he creado un marco sencillo pero efectivo: Las 10 R's.

Estas "R's" simbolizan diez áreas importantes que puedes explorar y desarrollar, no como una fórmula estricta, sino como una guía adaptable a tu ritmo, circunstancias y metas.

Aquí están:

- **R1: Revisar tu situación actual.** Sé consciente de tu estado emocional, físico, social, familiar y financiero para tomar decisiones informadas.
- **R2: Reequilibrar y reasignar tu tiempo.** Rediseña tus días con intención y libertad para vivir más plenamente.
- **R3: Relajación y bienestar emocional.** Aprende a descansar verdaderamente y a cuidar tu mundo interior para cultivar paz y armonía.
- **R4: Remordimientos: por lo que dejaste atrás o por lo que aún no has hecho.** Mira hacia atrás sin juzgar, , sanamente y elige qué retomar o dejar ir para cerrar ciclos y avanzar.
- **R5: Reflexionar sobre lo que importa.** Redescubre tus valores y lo que actualmente le da sentido a tu vida para vivir de manera auténtica.
- **R6: Recargar energías y explorar nuevas pasiones.** Reconéctate con tu curiosidad, creatividad y aquello que enciende tu espíritu para revitalizarte y sentir plenitud.

- **R7: Reconocer nuevas áreas de interés, reajustar tu forma de pensar, reconciliarte con el cambio.** Ábrete al cambio con una nueva perspectiva, sin miedo a volver a empezar para crecer y evolucionar.
- **R8: Redescubrir propósito y relaciones.** Fortalece los lazos, forja nuevas conexiones y vive con intención para conectar y contribuir.
- **R9: Retribuir con gratitud y sentido.** Comparte tu experiencia, ayuda a otros y deja una huella para trascender y dejar un legado.
- **R10: Regocijarte en la libertad y en la nueva vida.** Disfruta esta etapa con alegría y gratitud para celebrar y vivir con júbilo.

En los próximos capítulos, profundizaremos en cada una de estas R's, incluyendo ejemplos, ejercicios prácticos y reflexiones que te motivan a actuar desde el corazón con pasión. Porque como hemos dicho repetidamente aquí: una jubilación bien vivida no es un final, sino una reinvención llena de alegría.

## PAUSA, REVISA Y CONTINÚA A TU PROPIO RITMO

Este libro no fue concebido ni escrito para leerse de corrido de la primera a la última página, ni para seguir al pie de la letra cada consejo y sugerencia. La intención es que sea un compañero flexible para ti, que puedas abrir cuando necesites inspiración u orientación. Tómate pausas, relee y cambia el orden de los capítulos si lo deseas. La mejor manera de aprovecharlo es respetando tu propio ritmo, tu energía y tus deseos. No hay prisa: lo que importa es que el camino tenga sentido para ti.

Puedes tomarlas como sugerencias, probar lo que resuene contigo y dejar de lado lo que no encaje o no te motive. Recuerda: encontrar un nuevo propósito de vida no se logra siguiendo una fórmula (y menos aún una fórmula creada por otros), sino identificando y reconociendo lo que te da energía, te conecta y te entusiasma.

# CAPÍTULO 1

## R1- REVISAR TU SITUACIÓN ACTUAL

"Conócete a ti mismo. Adáptate a tu entorno. Sé consciente de tu momento."

EPICTETO

Antes de planear adónde quieres ir en esta nueva etapa, es esencial saber con claridad endónde estás hoy. Este primer paso puede parecer obvio, pero no siempre se da y, en algunos aspectos, puede no ser tan sencillo. Requiere honestidad, tiempo y una mirada sincera a todos los aspectos de tu vida: emocional, financiero, físico, social y espiritual. Este capítulo marca tu punto de partida. No buscamos juzgar con dureza, sino entender con compasión.

"Los impuestos, la muerte, y el cambio son inevitables". Eso dice el viejo refrán. Son constantes en nuestra vida. A medida que nos acercamos a la jubilación, es esencial abrazar este nuevo capítulo. Según mi experiencia, aunque no podemos evitar los impuestos y la muerte, sí podemos gestionar cómo enfrentamos los cambios. Con dedicación y atención, podemos dirigir nuestras transiciones, convirtiendo lo que podría ser un proceso difícil en una evolución consciente y positiva.

## ¿POR QUÉ ES TAN IMPORTANTE REVISAR TU SITUACIÓN ACTUAL?

Porque no puedes construir un nuevo propósito sobre un fundamento vago o difuso. Realizar este inventario personal no es solo una sugerencia; es un paso esencial, como marcar tus coordenadas antes de comenzar una gran aventura. Sin un entendimiento claro de tu situación actual, tus fortalezas, vulnerabilidades, recursos y estado emocional, cualquier plan para la jubilación carecerá de precisión y estabilidad. Esta autoevaluación honesta te permite tomar decisiones más acertadas, trazar un camino realista y sostenible, y, sobre todo, descubrir recursos internos y externos que quizás pasaste por alto durante el ritmo acelerado de tu vida laboral. Al saber exactamente dónde estás, puedes imaginar con mayor claridad y confianza hacia dónde quieres dirigirte, transformando sueños imprecisos en metas concretas.

Esta revisión inicial funciona como la calibración de tu brújula personal, brindando la claridad necesaria para avanzar con propósito y evitar perder el rumbo o construir sueños sobre terreno inestable. Se trata de ser proactivo en lugar de reactivo, lo que te permite identificar desafíos potenciales antes de que se conviertan en obstáculos y descubrir fortalezas ocultas que quizás no sabías que tenías. Es tu base; cuanto más sólida y clara, más resiliente y placentero será tu camino hacia la jubilación.

DIMENSIONES CLAVE A CONSIDERAR:

**1. Nivel actual de satisfacción laboral:** Si aun estas trabajando, una evaluación sincera de tu satisfacción personal con tu situación laboral actual puede ser un indicador clave de si es momento de dejar tu empleo a tiempo completo. No se trata solo de las tareas que realizas, sino de cómo tu trabajo refleja tus valores, tus niveles de energía y tu bienestar en general. Reflexiona sobre si tus responsabilidades diarias aún te motivan, si te sientes valorado y desafiado, y si el ambiente laboral ayuda a mantener tu estado mental y emocional en equilibrio. Esta introspección puede mostrar si tu camino profesional actual continúa alineado con tus aspiraciones más profundas o si, en cambio, se ha convertido en una fuente de agotamiento. Es una oportunidad para escuchar tu voz interior y evaluar si estás preparado para una transición vital significativa.

**Ventajas:** Evaluar cómo te sientes en tu trabajo puede brindarte claridad sobre tu preparación para la transición, motivarte a explorar nuevos caminos y verificar si tu entorno laboral aún es conveniente y satisfactorio para ti. Este proceso puede impulsar cambios positivos, ayudándote a planear una jubilación más consciente y satisfactoria.

**Desventajas:** Este análisis puede sacar a la luz insatisfacciones difíciles de resolver en el corto plazo, lo que podría generarte estrés o ansiedad a corto plazo, si no tienes un plan de salida definido. Además, puede ser difícil distinguir entre frustraciones temporales y problemas más profundos y estructurales, lo que podría llevar a decisiones apresuradas o a una incertidumbre prolongada.

**Cómo reducir riesgos:** Realiza esta evaluación con cuidado, quizás con un mentor o coach de confianza que pueda ofrecer una perspectiva objetiva. Enfócate en hallazgos prácticos en lugar de cambios drásticos inmediatos. Explora opciones para modificar tu rol actual o empieza a investigar discretamente actividades alternativas u oportunidades de medio tiempo que se alineen mejor con tus deseos en evolución antes de tomar decisiones definitivas. Este enfoque por etapas facilita una transición más fluida y menos disruptiva.

**2. Finanzas:** Antes de tomar cualquier decisión, es fundamental analizar con sinceridad tu situación financiera. ¿Tienes claridad sobre tus ingresos actuales y futuros? ¿Sabes cuánto necesitas para vivir cómodamente? Esta evaluación debe abarcar tus bienes, gastos, deudas y proyecciones futuras. También es importante mantener conversaciones abiertas y sinceras con tu cónyuge, pareja y/o familiares que puedan verse afectados por cambios en tu empleo. Sus finanzas, necesidades futuras y perspectivas son esenciales para construir una visión financiera de la jubilación que sea integral y compartida.

**Ventajas:** Tener una planificación financiera clara te brinda tranquilidad, autonomía y libertad de decidir cuando y cómo quieres vivir tu jubilación. Involucrar a tus seres queridos ayuda a mantenerte alineado, reduce la posibilidad de generarse conflictos y construye un sentido compartido de seguridad y propósito hacia el futuro.

**Desventajas:** La incertidumbre económica, la inflación o una mala gestión pueden generar ansiedad. Además, los desacuerdos o expectativas divergentes con la pareja o la familia respecto a las finanzas de la jubilación pueden provocar tensión y retrasar la planificación.

**Cómo reducir riesgos:** Realiza un diagnóstico financiero realista. Consulta a un asesor calificado que te brinde orientación imparcial y facilite las conversaciones con tu familia. Define un presupuesto claro que contemple tanto las necesidades individuales como las compartidas. Crea un fondo de emergencia. Establece revisiones financieras periódicas con tu pareja para mantenerse en sintonía y adaptarse a cambios en las circunstancias.

**3. Salud física y emocional:** Esta es la base del bienestar. La salud es más que la simple ausencia de enfermedad; es energía, vitalidad y equilibrio emocional. ¿Cómo te sientes hoy? ¿Tienes hábitos que nutren tu cuerpo y tu mente? Las respuestas a estas preguntas deberían incluir conversaciones con profesionales de la salud y otros cuidadores, quienes pueden ofrecer una evaluación objetiva de tu estado actual, identificar áreas que podrían mejorarse y ayudarte a comprender cómo tu bienestar físico y emocional podría impactar tus planes de jubilación. Sus perspectivas expertas pueden aportar claridad valiosa y ayudarte a tomar decisiones informadas sobre tu salud en esta nueva etapa.

**Ventajas:** Mantenerse en buena forma mejora tu calidad de vida y abre puertas a nuevas experiencias. Las evaluaciones profesionales brindan datos objetivos que te permiten gestionar tu salud de manera proactiva, prevenir problemas y asegurarte de tener la energía necesaria para el estilo de vida que deseas en la jubilación.

**Desventajas:** Las molestias físicas o el agotamiento emocional pueden limitarte y disminuir tu motivación. Enfrentar posibles problemas de salud puede ser abrumador, y buscar ayuda profesional podría revelar aspectos que requieran cambios importantes en tu estilo de vida o inversión económica.

**Cómo reducir riesgos:** Practica ejercicio suave, lleva una dieta equilibrada y programa chequeos médicos regulares. Busca apoyo emocional, como terapia o grupos de apoyo, si lo necesitas. Comunícate de forma activa con tus proveedores de salud sobre tus planes de jubilación y cualquier inquietud médica para crear una estrategia de bienestar personalizada.

**4. Relaciones interpersonales:** Nuestra red social influye directamente en nuestro bienestar. Cuando te jubiles, la dinámica de tus conexiones sociales podría llegar a cambiar. Aunque podrías perder algunas relaciones relacionadas con el trabajo que te proporcionaban interacción diaria y un sentido de pertenencia, es igualmente importante evaluar todo tu entorno social. Esto incluye a la familia (cercana y extendida), amistades de largo tiempo, vínculos con tu comunidad, y cualquier grupo o club al que pertenezcas. Evalúa la fortaleza, calidad y reciprocidad de estos vínculos. Considera no solo con quién pasas tiempo, sino también qué tipo de apoyo emocional, práctico y social pueden (o no) ofrecerte cuando ya no formes parte de un entorno laboral estructurado. Entender la profundidad y amplitud de tu sistema de apoyo es esencial para anticipar posibles sentimientos de aislamiento o soledad y para identificar áreas donde quizás debas cultivar nuevas conexiones o fortalecer las existentes.

**Ventajas:** Las relaciones sólidas y variadas brindan una gran alegría, compañía y un importante sentido de significado y pertenencia. Una red social sólida puede brindarte apoyo emocional, ayuda práctica y oportunidades para actividades compartidas, mejorando significativamente tu calidad de vida durante la jubilación.

**Desventajas:** La pérdida de las estructuras sociales vinculadas al trabajo puede generar sentimientos de aislamiento, soledad o una disminución del sentido de identidad. Si tus relaciones personales actuales no son sólidas ni variadas, la jubilación podría exponer vacíos en tu red de apoyo, dando lugar a desafíos emocionales.

**Cómo reducir riesgos:** Cultiva de manera proactiva las relaciones existentes dedicando tiempo de calidad y manteniendo una comunicación abierta. Explora nuevas formas de participación social, como el voluntariado, grupos de aficiones, centros comunitarios o clases educativas, para establecer nuevas conexiones. Considera integrarte en comunidades en línea o en grupos de apoyo para jubilados, donde puedas compartir experiencias y crear amistad. Organiza actividades y salidas sociales periódicas para mantener una vida social activa y enriquecedora.

**5. Propósito y sentido:** ¿Qué te da energía por la mañana? ¿Qué te entusiasma hacer? El propósito no tiene que ser monumental; puede ser tan simple como disfrutar, cuidar, crear o compartir. Al reflexionar sobre tu propósito actual y lo que te entusiasma, es importante distinguir entre el propósito que está intrínsecamente ligado a tu trabajo actual y el propósito que existe de forma independiente. Para muchos, el trabajo es una fuente importante de sentido a través de los desafíos, las contribuciones y el reconocimiento. Considera qué aspectos de tu trabajo te dan un sentido de propósito, ¿resolver problemas, asesorar, alcanzar metas o el impacto que generas? Luego, evalúa honestamente qué podría reemplazar estos factores que te llenan de energía si (y cuando) dejas tu empleo. Esto puede implicar identificar habilidades transferibles, explorar nuevas pasiones o descubrir maneras de contribuir a tu comunidad o a proyectos personales, asegurando una transición fluida del propósito hacia la jubilación.

**Ventajas:** Vivir con propósito fortalece la autoestima y aporta estructura. Una comprensión clara de tu propósito, tanto el relacionado con el trabajo como el independiente, permite una transición proactiva y plena hacia la jubilación, evitando la sensación de vacío.

**Desventajas:** Sentirte "fuera del juego" o "a la deriva" puede generar un vacío existencial. Si tu sentido de propósito está mayormente ligado al trabajo, la jubilación puede conllevar una pérdida significativa de identidad y motivación, creando sentimientos de vacío o depresión.

**Cómo reducir riesgos:** Reflexiona sobre tus pasiones, intereses y habilidades. Pregúntate qué valoras hoy, tanto dentro como fuera de tu rol profesional. Empieza a explorar posibles nuevos propósitos o maneras de adaptar los existentes a tu vida de jubilación. Esto podría implicar hacer voluntariado, emprender nuevas aficiones, aprender nuevas habilidades o participar en proyectos comunitarios que resuenen con tus valores. (NOTA: No te preocupes demasiado si aquí no tienes respuestas claras. Dedicaremos un capítulo entero a estos temas más adelante en el libro.)

**6. Hábitos y estilo de vida:** Tu vida diaria moldea tu experiencia de jubilación. Sin una estructura, los días pueden sentirse vacíos. Durante años, probablemente tus horas estuvieron organizadas por horarios de trabajo, desplazamientos, reuniones y responsabilidades laborales. Estas estructuras externas solían dar un ritmo constante y un propósito. Al acercarte o entrar a la jubilación, estos marcos se desvanecen, dejando un vacío que, si no se maneja intencionalmente, puede generar sentimientos de desorientación o falta de motivación. Reflexionar honestamente implica revisar tus rutinas actuales y plantearte preguntas críticas sobre su impacto en tu bienestar.

¿Cómo lograr genuinamente esta reflexión?

- **Registra tu tiempo:** Durante 1-2 semanas, anota cómo empleas tu tiempo, incluyendo niveles de energía y estado de ánimo. Esto muestra tu realidad actual.
- **Identifica lo que te da energía y lo que te la quita:** Revisa tu registro. ¿Qué actividades te energizan? ¿Cuáles te drenan? Esto ayuda a equilibrar tu futuro.
- **Observa los hábitos en "piloto automático":** ¿Qué haces sin pensar? ¿Estos hábitos aún te sirven? La conciencia es clave.
- **Imagina tu día ideal (tras el trabajo o en tus días libres):** Con total libertad responde, ¿Cómo sería tu día perfecto? ¿Qué actividades priorizarías?
- **Prueba "micro experimentos":** Cambia una pequeña parte de tu rutina durante unos días (por

ejemplo, levántate antes para practicar una afición). Observa cómo te sientes.

- **Escribe tus ideas en un diario o en una app personal de bitácora**: Anota regularmente tus pensamientos, sentimientos y observaciones. Este proceso de escritura ayuda a solidificar tu comprensión y hace más evidentes los patrones.

**Ventajas:** Los hábitos saludables nutren tu cuerpo, mente y espíritu, proporcionando una base estable para una jubilación alegre. Diseñar intencionalmente tu estilo de vida garantiza que tus días estén llenos de sentido y de actividades que realmente resuenen contigo, evitando el aburrimiento o el estancamiento.

**Desventajas:** Las rutinas caóticas o la pasividad excesiva pueden conducir al estancamiento, a una sensación de falta de realización e incluso al deterioro de la salud. La mera libertad del tiempo no estructurado puede resultar abrumadora al principio, dificultando establecer nuevos ritmos beneficiosos.

**Cómo reducir riesgos:** Diseña una rutina flexible que equilibre ocio, actividad, descanso y relaciones. Empieza en pequeño integrando uno o dos hábitos nuevos a la vez. Busca inspiración en otras personas que han hecho con éxito la transición a la jubilación. Sé paciente y compasivo contigo mientras experimentas y descubres lo que realmente funciona para tu ritmo único.

### ACTIVIDAD PRÁCTICA:

Dedica algunas semanas a realizar un inventario personal (o una auditoría, si prefieres ese término) de tu situación actual en estas seis dimensiones. Usa una libreta, o una aplicación si te sientes cómodo con la tecnología, y anota tus observaciones en cada área. No filtres ni edites; simplemente escribe. Luego, revisa tus notas y subraya patrones, frases recurrentes o emociones emergentes. Esta autoevaluación completa será la base para una planificación consciente de la jubilación.

**Ejemplo:**

**Nivel actual de satisfacción laboral:** *"He notado que, aunque todavía disfruto de los retos estratégicos de mi rol, la rutina diaria de gestionar un equipo grande y los viajes constantes me está drenando la energía. Me descubro esperando los fines de semana más que nunca y, aun así, a menudo estoy demasiado cansado para dedicarme a mis intereses personales. Esto me hace preguntarme si la satisfacción que obtengo del trabajo sigue compensando el costo para mi bienestar general y mi libertad"*. Esta reflexión profundiza en los matices de la satisfacción laboral, considerando no solo los aspectos positivos, sino también los costos ocultos y los drenes de energía, lo que impulsa una evaluación más profunda de la preparación para el cambio.

En **relaciones:** *"Últimamente, siento que me gustaría participar más en las actividades de mis nietos, como asistir a partidos, recitales de danza y otras actividades, pero mi responsabilidad en el trabajo no me da tiempo"*. Esto podría reflejar un cambio en la dinámica familiar o el deseo de fortalecer los lazos con las generaciones más jóvenes. También puede ser: *"Extraño a algunos viejos amigos con quienes perdí contacto porque no tengo tiempo para verlos o hablar con ellos"*. Esto señala la necesidad de reconectarse activamente con círculos sociales del pasado. Otra posibilidad: *"¿Tengo un círculo social fuera de la gente con la que trabajo actualmente?"* Esta pregunta invita a reflexionar sobre la diversidad de tu red social más allá del entorno laboral. Finalmente, *"¿podrán las personas con las que socializo seguir haciéndolo cuando yo ya no tenga un horario fijo? ¿Estarán dispuestas ellas también?"* Esto resalta la importancia de evaluar la sostenibilidad de las amistades actuales y prepararse para posibles cambios en las rutinas sociales.

En **propósito**: *"Me siento un poco desorientado. ¿Por qué tengo esta sensación? ¿Por qué estoy empezando a pensar en la jubilación? ¿Qué me gusta? ¿Qué no me gusta? ¿Qué actividades me dan energía?"* Estas preguntas son fundamentales para entender tus motivaciones esenciales e identificar lo que verdaderamente te produce alegría y un sentido de contribución, más allá del trabajo. Te ayudan a identificar hacia dónde va tu energía actualmente y hacia dónde preferirías que se dirigiera en el futuro.

En **finanzas**: *"Tengo varias cuentas de ahorro, pero no tengo claridad sobre mis gastos mensuales."* Esto señala la necesidad de una auditoría financiera detallada para entender tu flujo de caja. O quizá: *"Creo que tengo recursos suficientes para jubilarme, pero ¿están bien distribuidos?"* Esto indica la necesidad de asesoría financiera profesional para optimizar tus activos y lograr seguridad a largo plazo. *"¿He identificado y controlado los riesgos de perder mis ahorros?"* Esta pregunta enfatiza la importancia de evaluar los riesgos y de contar con estrategias de mitigación en tu planificación financiera.

En **salud física y emocional**: *"¿Cuándo fue la última vez que me realicé un chequeo médico? ¿Tengo la salud y la energía para jubilarme y viajar?"* Estas preguntas ayudan a evaluar tu estado físico para las actividades de la jubilación. *"¿Debería aprovechar el plan de salud de mi trabajo para tratar alguna enfermedad o molestias que he ignorado por estar ocupado?"* Esto destaca la importancia de usar estratégicamente los beneficios de tu servicio de salud antes de la transición. *"Duermo bien pero me siento cansado. ¿Será falta de movimiento?"* Esto sugiere evaluar tus niveles de actividad diaria y considerar incorporar más ejercicio físico.

En **hábitos**: *"Mis mañanas son caóticas y me cuesta organizarme."* Esto indica un área potencial para desarrollar rutinas nuevas, más estructuradas. *"¿A qué dedico actualmente mi poco o mucho tiempo libre?"* Esta pregunta anima a una evaluación honesta de cómo utilizas hoy tu tiempo de ocio y si se alinea con tus deseos para la jubilación.

Asigna una puntuación del 1 al 10 en cada dimensión. No es para juzgarte, sino para identificar lo que necesita más atención. Reflexionar no es para culparte, sino para clarificar.

## RESUMEN DEL CAPÍTULO:

Revisar tu situación actual no es un acto de juicio, sino de compasión. Es decirte: "Me observo, me reconozco y me acepto donde estoy, para poder avanzar hacia donde quiero estar". Con este mapa interno más claro, estarás listo para dar el siguiente paso hacia una jubilación con sentido y con una alegría auténtica.

Este primer capítulo ha sentado las bases para un viaje de transformación. Decidir comenzar la jubilación, o redefinirla si ya estás en ella, es una de las decisiones más importantes de tu vida. No solo representa un cambio en tu estado laboral, sino una profunda reconfiguración de tu identidad, rutinas y propósito. Las seis dimensiones que analizamos (nivel de satisfacción laboral, salud física y emocional, relaciones, propósito, finanzas, salud y hábitos) no son simples categorías; son los pilares básicos para construir tu futuro. Cada dimensión, evaluada con detenimiento, ofrece valiosas perspectivas sobre tu estado actual y te prepara para los cambios intencionales que vienen.

Piensa en este ejercicio de autoevaluación como en la cimentación de una casa. Si los cimientos son sólidos, bien planificados y adaptados al terreno, la casa que construyas sobre ellos será fuerte, duradera y capaz de resistir cualquier tormenta. Del mismo modo, una reflexión detallada y honesta sobre estas seis dimensiones te brindará la solidez necesaria para construir una jubilación plena y con sentido que perdure durante muchos años.

Por favor, no subestimes el poder de esta pausa intencional para hacer esta introspección. En un mundo que constantemente nos empuja a mirar hacia afuera y a medirnos por logros externos, detenerte a mirar hacia adentro es un acto revolucionario, y posiblemente lo sientas incomodo. Sin embargo, éste es el momento de escuchar esa voz interna que, tal vez, ha permanecido en silencio durante décadas por las demandas y responsabilidades. Al concederte permiso para sentir, reconocer tus verdaderas necesidades y aceptar tu punto de partida, y logras un conocimiento interno que será tu mejor guía.

Este mapa interno, forjado con honestidad y compasión, no solo te mostrará dónde estás, sino que revelará los recursos y oportunidades que ya posees. Te permitirá identificar las áreas que requieren mayor atención, las fortalezas que puedes potenciar y los caminos que aún no has explorado. Con esta claridad, cada paso que des en tu jubilación será intencional, consciente y alineado con la vida que realmente deseas vivir.

La jubilación no es un final, sino un nuevo comienzo. Y como todo buen comienzo, requiere una preparación consciente y un compromiso contigo mismo. Al dedicar tiempo y energía a este capítulo, no solo estás planificando tu futuro, sino invirtiendo en tu bienestar, tu felicidad y tu legado. Estás sentando las bases para una etapa de júbilo, en la que la libertad y el propósito se entrelazan para crear la vida que mereces plenamente.

Así que, con tu mapa interno más claro y tus cimientos bien establecidos, estás listo para dar el siguiente paso hacia una jubilación con sentido y con una alegría auténtica. El viaje apenas ha comenzado, y lo mejor está por venir.

# CAPÍTULO 2

## R2- REBALANCEAR Y REASIGNAR TU TIEMPO

"Las grandes transiciones no ocurren de la noche a la mañana, sino a través de pequeños movimientos en la dirección correcta."

WILLIAM BRIDGES

La primera sección del capítulo 2 está específicamente dirigida para quienes aún están laboralmente activos, ya sea que trabajen para una empresa o estén dedicados a dirigir su propio negocio o actividad profesional. Aquí, exploraremos ideas y tácticas prácticas para ayudarte a reducir gradualmente tu ritmo actual, posibilitando una transición reflexiva y fluida para salir del trabajo de tiempo completo y entrar en la siguiente fase apasionante de tu vida.

## EL INICIO DEL EQUILIBRIO: DEL TRABAJO AL BIENESTAR

Si después de seguir el proceso del capítulo anterior y en la etapa de "revisar tu situación actual" has concluido que la jubilación se acerca en 12 a 24 meses, o si ya tienes una fecha más o menos definida para dar ese paso, sea que trabajes como empleado en una empresa, o de forma independiente o siendo dueño de un negocio, es momento de cambiar gradualmente tu enfoque. La idea es hacer la transicion, sin abandonar tus responsabilidades actuales, de una vida completamente centrada en el trabajo 24/7 a una etapa donde haya espacio para planificar la jubilación y reducir el estrés.

Este proceso debe hacerse de manera consciente, ética y balanceada. Honrar tus compromisos profesionales hasta el último día de trabajo forma parte primordial de retirarte con dignidad. Pero también lo es empezar a crear ese espacio mental y emocional que te permita llegar con claridad y preparación hacia tu nueva etapa.

Si eres empleado, es recomendable comenzar un diálogo abierto y temprano con tu supervisor o con el Departamento de Recursos Humanos. Este enfoque proactivo no solo es una cortesía profesional, sino también una estrategia que beneficia a ambas partes. Al comunicar tus planes de jubilarte en los próximos 12 a 24 meses, abres una oportunidad para planificar cuidadosamente. Aprovecha momentos como las evaluaciones de desempeño periódicas, reuniones uno a uno o conversaciones específicas para compartir tus intenciones. Esto permite a la empresa preparar y capacitar a un sucesor, transferir conocimientos clave y reorganizar cargas de trabajo. Para ti, esto significa una jubilación más gradual y una sensación de tranquilidad al dejar tu legado en orden. La comunicación clara y la colaboración con colegas son clave para facilitar una transición suave y minimizar interferencias para todos.

En esta etapa profesional ya no estás enfocado en escalar peldaños corporativos, sino en preparar a la empresa y a ti mismo para lo que viene. Por eso, es importante hacerlo con:

1. **Comunicación abierta:** Inicia conversaciones transparentes sobre tus planes de jubilación durante evaluaciones o reuniones estratégicas. Más allá de simplemente manifestar tu intención, propicia un diálogo sobre cómo gestionar tu transición para minimizar las disrupciones para tu jefe, tu equipo y para la organización. Habla de posibles cronogramas, necesidades de transferencia de conocimiento y de cómo puedes apoyar mejor el proceso de transición. Este enfoque proactivo fomenta la confianza y permite una fase de planificación más colaborativa.
2. **Cambio de enfoque:** Permítete comenzar a visualizar tu jubilación, reduciendo gradualmente la presión del trabajo sin abandonar tu ética profesional. Esto implica un cambio interno consciente de forma deliverada. En lugar de enfocarte únicamente en el próximo ascenso o proyecto, empieza a dirigir tu energía mental hacia tu vida posterior a la jubilación. Esto no significa desentenderte de tus responsabilidades actuales, sino cultivar una mentalidad en la que tu bienestar futuro y tu crecimiento personal comiencen a tener prioridad. Se trata de prepararte mentalmente para un tipo de "productividad" diferente: una centrada en la realización personal más que en las exigencias empresariales.

Este inicio de reequilibrio mental y práctico es esencial. Marca la transición de "hacer las cosas sin pensar" a "vivir con intención".

ESTRATEGIAS PARA UNA TRANSICIÓN LABORAL SALUDABLE

- **Asumir el cambio con realismo y apertura**
    - **Reconocer que nadie es insustituible:** Reconocer y asimilar que tu organización seguirá funcionando incluso después de tu partida puede ayudarte a reducir, gradualmente y con serenidad, tu carga de trabajo. Esta aceptacion te libera del peso de sentirte indispensable y te permite enfocarte en tu propia transición con menos culpa o ansiedad.
    - **Reducir horas de trabajo:** Si es posible, negocia una disminución de horas o de días laborables para soltar gradualmente. Esto podría implicar pasar a una semana de cuatro días, trabajar a tiempo parcial o incluso adoptar un arreglo de consultoría. Este enfoque por etapas te permite probar las aguas de la jubilación, ajustar tus rutinas personales y desprenderte poco a poco de las exigencias diarias de tu función sin un shock repentino, a la vez que la organización sigue contando con tu experiencia, y conocimiento.
    - **Ajustar tu compromiso:** Cambia tu enfoque de "darlo todo a 1,000 kilómetros por hora" a construir un equilibrio que te permita planear tu jubilación sin descuidar tus responsabilidades actuales. Esto no significa aflojar, sino priorizar tareas, delegar con mayor eficacia y establecer límites más saludables. Se trata de elegir conscientemente dónde invertir tu energía profesional restante para maximizar el impacto mientras reservas capacidad para tu transición personal.

- **Plan de sucesión consciente**
    - Si corresponde, trabaja con tus líderes o tu equipo para identificar a un posible sucesor. Este paso proactivo es crucial para la continuidad del negocio y demuestra tu compromiso con el futuro de la organización. Podría implicar entrenar o dar mentoría a una persona interna o ayudar en la búsqueda de una contratación externa.
    - **Delegación progresiva:** De común acuerdo con tu supervisor, comienza a transferir responsabilidades a miembros capaces del equipo. Esto implica algo más que asignar tareas; significa empoderar a otros, transferir el conocimiento institucional y permitirles hacerse cargo. Empieza con tareas menos críticas y avanza gradualmente hacia responsabilidades más significativas, construyendo confianza en tu equipo y aliviando tu propia carga de trabajo.
    - **Transición de rol:** Considera pasar a una función con menos carga, pero de alto impacto, como la mentoría o la participación en proyectos específicos. Esto te permite aprovechar tu experiencia en una capacidad menos demandante, ofreciendo una guía valiosa sin el peso total de las responsabilidades operativas diarias. Un rol así puede brindarte un sentido de contribución continua y propósito sin el estrés asociado.
- **Explora nuevos caminos dentro de tu organización**
    - Explora nuevos caminos dentro de tu organización. Cambiar temporalmente de rol de forma interna puede ofrecerte una nueva perspectiva, mantenerte activo y, al mismo tiempo, permitirte adaptarte a un ritmo más relajado. Esto podría implicar moverte a

un departamento distinto, asumir un proyecto especializado o pasar a un puesto de asesoría a tiempo parcial. Se trata de encontrar un "puente" de rol que se alinee con tus niveles de energía en evolución y tus intereses.

- Busca funciones que te aporten satisfacción, aunque conlleven menos prestigio o ingresos. El objetivo aquí es la plenitud, no el ascenso profesional. Prioriza roles que te permitan usar tus habilidades de maneras que realmente te energicen, ya sea a través de la enseñanza, la resolución de problemas o el trabajo creativo, incluso si el nuevo cargo o la compensación son menos de tu puesto anterior.
- Explora oportunidades que estimulen tu mente sin provocar agotamiento. Esto podría significar asumir un proyecto de investigación, contribuir a una iniciativa de la empresa alineada con tus pasiones o incluso liderar sesiones de capacitación internas. Si tu rol implica habilidades especializadas que se desarrollan mejor mediante programas de aprendizaje o una formación extensa, considera asumir un puesto formal o informal de instructor o formador. Esto te permite transmitir tu conocimiento y experiencia invaluables a la siguiente generación, asegurando un legado perdurable dentro de la organización mientras ajustas tu propia carga de trabajo. El objetivo es mantener tu intelecto comprometido y tus habilidades afiladas, pero de un modo que resulte estimulante en lugar de agotador, preparándote mentalmente para la libertad intelectual de la jubilación.

## RECOMENDACIONES PARA PROPIETARIAS Y PROPIETARIOS DE EMPRESAS

Si tienes tu propia empresa, la transición hacia la jubilación tiene particularidades distintas a las de alguien que trabaja como empleado. El desapego implica no solo tu rol diario, sino también tu identidad como fundador, líder, estratega, y tomador de decisiones. Aquí, la sucesión planificada es crucial no solo para la continuidad del negocio, sino también para tu propio bienestar emocional. Aquí tienes algunas estrategias prácticas para transitar este proceso de forma responsable y fluida:

- **Planifica tu salida con intención**
    - **No esperes hasta el último minuto para abordar el tema de la jubilación:** Empieza a visualizar cuándo y cómo te gustaría reducir tu participación activa. No se trata solo de una fecha en el calendario; se trata de definir tu nivel ideal de involucramiento, ya sea una entrega total, un rol de asesoría a tiempo parcial o una transición a la supervisión a nivel de junta directiva. Esta claridad no solo te dará tranquilidad, sino que también hará significativamente más fácil que tu empresa continúe operando con solidez, minimizando las disrupciones para empleados, clientes y socios.
    - **Conversaciones abiertas:** Si tienes socios, empleados clave o familiares involucrados en la empresa, es esencial abrir diálogos sinceros y transparentes sobre tus planes. Enmarca esta transición no como un abandono, sino como una evolución natural tanto para ti como para el negocio. Una comunicación temprana y honesta construye confianza, permite que otros se preparen y fomenta un entorno colaborativo para la transición. Hablen de

expectativas, cronogramas y posibles roles para todas las personas involucradas.

- **Cambio de mentalidad:** Empieza a ver tu empresa no como algo que depende exclusivamente de ti, sino como un sistema robusto que puede crecer y prosperar con otros liderazgos. Esta perspectiva es clave para un desapego saludable. Cultiva la confianza en las capacidades de tu equipo y en los procesos que has establecido. Este cambio de mentalidad te permitirá soltar con mayor confianza, reduciendo la carga emocional de dar un paso atrás.

- **Estrategias para una transición saludable en la propiedad del negocio**
  - **Reducción gradual de tu involucramiento:** evalúa si puedes empezar a trabajar menos horas, delegar funciones o enfocarte solo en áreas estratégicas. Esto podría implicar apartarte de las operaciones diarias para centrarte en la visión de largo plazo, las relaciones con clientes o proyectos específicos. Una reducción por etapas te permite probar las aguas de la jubilación, ajustar tu vida personal y asegurar que el negocio continúe sin sobresaltos sin tu presencia constante. Considera un periodo de transición en el que trabajes a tiempo parcial o por proyectos.
  - **Ajuste del compromiso emocional:** Poco a poco, pasa de "hacerlo todo" y estar emocionalmente ligado a cada detalle, a confiar en tu equipo y en su capacidad para continuar lo que construiste. Esto suele ser lo más difícil para las personas fundadoras. Requiere un esfuerzo consciente para soltar el control y asumir un nuevo rol como guía o asesor más que como ejecutor principal. Celebra sus logros y aprende a sentirte cómodo con decisiones que

puedan diferir de las tuyas, sabiendo que el negocio está en buenas manos.

- **Plan de sucesión consciente**
    - **Identificar sucesores:** esta es la piedra angular de una transición fluida. Puede ser un hijo, una hija, un socio de largo plazo, un empleado clave o un profesional externo. Lo importante es tener claridad absoluta sobre quién tomará el timón, cuáles serán sus responsabilidades y cuándo ocurrirá esta transferencia de poder. Comienza este proceso de identificación con antelación.
    - **Mentoría activa:** Dedica tiempo a formar, transferir conocimiento y acompañar el proceso desde un rol menos operativo. Esta es tu oportunidad para transmitir tu experiencia invaluable, la memoria institucional y tus perspectivas estratégicas. Establece un programa formal de mentoría o simplemente dedica tiempo regular para guiar a tu sucesor, responder preguntas, compartir sabiduría y fortalecer su confianza. Así aseguras que tu legado se preserve y que el negocio siga floreciendo.

**Nota: Una advertencia importante**. Si ya has decidido que llego el momento de jubilarte, no uses una transición gradual como excusa para posponerla indefinidamente. No es justo para ti, tu familia ni tu empresa. Respeta tu plan, reduce gradualmente tus responsabilidades, pero hazlo con enfoque. Mantente flexible y ajusta tus tiempos si cambian las circunstancias, pero no pierdas de vista tu objetivo: construir la vida de jubilación que quieres y mereces vivir.

Con esta siguiente sección del capítulo, retomamos temas que aplican al momento de dejar tu vida laboral y empieces la verdadera jubilación.

## REORGANIZAR EL TIEMPO: EL NUEVO ARTE DE VIVIR EN UNA JUBILACIÓN CON GUSTO

Una vez que has dejado atrás tu vida laboral activa, el concepto de tiempo se transforma radicalmente. Lo que antes era un marco estructurado de reuniones, plazos y obligaciones externas ahora se abre como un vasto lienzo en blanco. Esta libertad recién adquirida, aunque muy deseada, puede inicialmente resultar abrumadora si no se aborda con un plan y una comprensión clara de su potencial. En un extremo, encontramos algunas personas que, deseosas de abrazar su nueva libertad, se lanzan con entusiasmo a llenar sus agendas con una ráfaga de actividades, compromisos y planes de viaje. En el otro extremo, otras personas se ven paralizadas por la enorme amplitud de opciones y sienten falta de rumbo o dirección, o incluso una pérdida de identidad sin el ritmo familiar del trabajo. Ambas reacciones son respuestas totalmente válidas a un cambio de vida de tal magnitud, pero ninguna sustituye realmente la necesidad fundamental de diseñar conscientemente una nueva y significativa relación con el tiempo. La pregunta critica deja de ser institucional "¿Cuánto tengo que hacer hoy?", a ser profundamente personal: "¿Cómo quiero vivir este día?". Esta transición no se trata solo de tener más horas, sino de recuperar el dominio de tu tiempo y alinearlo con tus deseos más profundos y tu propósito en evolución.

## ¿POR QUÉ ES IMPORTANTE REESTRUCTURAR TU TIEMPO?

Porque sin una estructura mínima, el tiempo puede diluirse con facilidad y escaparse, provocando una sensación de vacío o incluso una profunda pérdida de identidad. Durante décadas, nuestro tiempo estuvo meticulosamente marcado por responsabilidades profesionales, compromisos externos, exigencias de desempeño y el implacable tic-tac del reloj. Nuestra autoestima y nuestro ritmo diario a menudo estaban indisolublemente ligados a nuestros roles profesionales y las metas impuestas por el trabajo. Ahora, la verdad liberadora es: ¡tú decides! Esta es tu oportunidad de liberarte de las imposiciones externas que antes gobernaban tus días. La buena noticia es que puedes diseñar tus días como nunca antes, creando una vida que de verdad refleje tu yo auténtico. Ya no hay jefes dictando tu agenda, ni emergencias externas que reclamen tu atención inmediata, ni turnos que cumplir, ni reuniones a las que debes asistir, ni viajes, ni nada impuesto. Solo queda el llamado silencioso, pero poderoso, de tu yo interior, esperando ser escuchado y honrado. Este es el momento de convertirte en quien diseña tu propia agenda, asegurándote de que tu tiempo se invierta en actividades que realmente nutran tu espíritu y te den alegría.

## CUATRO CLAVES PARA REEQUILIBRAR TU TIEMPO CON SENTIDO:

1. **Redefinir qué significa productividad**
    - Durante tu vida laboral anterior, la productividad a menudo se medía por métricas externas: entregar resultados, cumplir objetivos exigentes y hacer más en menos tiempo. Esta definición, aunque efectiva en un entorno empresarial, puede convertirse en una trampa en la jubilación. En esta nueva etapa, tienes la gran oportunidad de redefinir la productividad como "invertir tu energía en lo que genuinamente te nutre... a ti". Esto implica cambiar el enfoque del "resultado" al "bienestar" y a la "realización".
    - ¿Tuviste un día en el que priorizaste cuidar tu cuerpo con ejercicio suave, entraste en una conversación con sentido con alguien a quien amas y leíste algo que te inspiró profundamente? Entonces, según esta nueva definición, ese fue un día satisfactoriamente productivo. Se trata de valorar actividades que

recarguen tu espíritu, fomenten conexiones significativas y promuevan el crecimiento personal, a pesar de que no generan ingresos ni reconocimiento externo. Tu nueva productividad se mide por tu paz interior y tu alegría.

2. **Crea una rutina que se adapte a tu persona y a tu estilo**
   - La palabra "rutina" suele tener connotaciones negativas, sugiriendo rigidez o aburrimiento. Sin embargo, en el contexto de la jubilación, las rutinas no son enemigas de la libertad; son poderosas aliadas del bienestar y de una vida intencional. Una rutina bien diseñada, pero flexible, te ayuda a mantener el enfoque, evita derivar sin rumbo y asegura que conectes de forma constante con lo que más te importa. Ya no estás atado al horario de otra persona, así que puedes crear un ritmo que se alinee con tus inclinaciones naturales.
   - Puedes diseñar bloques de tiempo que reflejen tus ciclos de energía: quizás las mañanas se dediquen a asuntos personales como ejercicio, meditación o proyectos creativos; las tardes podrían reservarse para compromisos sociales o la participación en la comunidad; y las noches para la relajación y el tiempo en familia. O podrías elegir dejar uno o dos días completamente libres para la espontaneidad. La clave no es imponer horarios rígidos, sino encontrar un ritmo natural y fluido para tu nueva vida que brinde estructura sin asfixiar tu libertad recién adquirida.
3. **Aprovecha tus ritmos y tus momentos de energía**
   - Durante décadas, probablemente adaptaste tus ciclos de energía personales a las exigencias de tu trabajo.

Ahora, la jubilación ofrece la oportunidad liberadora de invertir esta dinámica: adapta tus actividades a tus ritmos naturales. ¿Eres más lúcido y enérgico por la mañana, lo que la hace ideal para tareas de foco o actividades de acción? ¿Te sientes más inspirado o creativo después de un paseo tranquilo por la tarde? ¿O quizás tu pico de energía social llega por las noches?

- Conócete a fondo observando cuándo te sientes más vibrante y cuándo necesitas descansar. Experimenta realizando cambios conscientes en cómo usas tus días. Si una forma de estructurar tu tiempo no se siente bien, no dudes en probar otra. Prueba, mejora, cambia y adapta. Esta jubilación con propósito te brinda la posibilidad única de realmente escuchar a tu cuerpo y a tu mente, permitiéndote adaptar tu día a tus propios biorritmos únicos. No tienes que apresurarte ni forzar nada; debes fluir con tu energía natural, optimizando tu tiempo para el máximo disfrute y la eficacia

4. **Aprende a decir "NO" con amabilidad**
   - Con el tiempo recién ganado y la disponibilidad percibida, es posible que otras personas, sea familia, vecinos, amistades o incluso organizaciones comunitarias, empiecen a querer llenar tu agenda con sus propias necesidades y expectativas. Si bien contribuir a los demás es un aspecto gratificante de la jubilación (como exploraremos en un capítulo posterior), tener más tiempo disponible no significa estar disponible para todo y para todos. Es crucial recordar que no dejaste tu ocupación anterior para convertirte en la niñera oficial, el nuevo chofer de los nietos, el "mandadero" de la casa o del vecindario, ni

la persona que resuelve siempre los problemas ajenos.

- Este es tu tiempo, y mereces usarlo en aquello que de verdad te aporta bienestar y sentido a ti. Reasignar tu tiempo también implica protegerlo activamente. Aprender a decir "no" con amabilidad, sin sentirte mal ni culpable, es una habilidad vital en la jubilación. Te permite establecer límites sanos y preservar tu energía para las actividades y relaciones que genuinamente te nutren. Considera y evalúa que decir "no" a una petición ajena suele ser decir "sí" a tus propias prioridades y a la jubilación con propósito que estás diseñando activamente.

### EJERCICIO SUGERIDO: TU MAPA CONSCIENTE DEL TIEMPO

Durante un par de semanas, lleva un registro aproximado de cómo usas tu tiempo sin planearlo demasiado, sino de una manera espontánea. Divide el día en bloques de 2 o 3 horas. No lo juzgues; solo observa. Al final de este periodo, analiza y reflexiona:

- **¿Qué actividades te dieron alegría y/o energía?** Piensa en momentos en los que te sentiste realmente vivo, comprometido o feliz. ¿Fue un pasatiempo específico, una conversación, un momento de silencio o una actividad física? Identifica lo que verdaderamente te enciende. Anota tus conclusiones.
- **¿Qué momentos te parecieron vacíos o poco nutritivos?** Identifica actividades que drenan tu energía, te dejan con aburrimiento o no se alinean con tus valores, incluso si actualmente forman parte de tu rutina. Sé honesto sobre lo que sientes como un desperdicio de tu tiempo precioso. Toma nota de esto también.

- **¿Cuándo te sentiste más tú?** Reflexiona sobre las veces en que te sentiste auténticamente tú, en sintonía con tus valores esenciales y genuinamente a gusto. ¿Qué estabas haciendo? ¿Con quién estabas? Estos momentos ofrecen pistas sobre tu verdadero yo y lo que te aporta realización.
- **¿Qué disfrutaste más? ¿Qué te gustó menos?** Esta es una evaluación directa de tus preferencias. Distingue entre actividades que sientes como obligación y aquellas que genuinamente esperas con ilusión. Esto te ayudará a priorizar y eliminar. Como antes, toma nota de tus reflexiones.

Luego, diseña tu "Semana ideal". No es una obligación ni un compromiso rígido, sino una propuesta flexible, un plano de cómo idealmente te gustaría dedicar tu tiempo. Sé creativo y permítete soñar. Incluye:

- **Tiempo para tu bienestar físico:** Programa ejercicio solo o en grupos, caminatas, estiramientos, montar en bicicleta, tenis, pickleball, o cualquier actividad que haga que tu cuerpo se sienta bien.
- **Tiempo para el silencio o la meditación:** Incorpora momentos de reflexión tranquila, atención plena o meditación para calmar tu mente.
- **Tiempo creativo o de aprendizaje:** Dedica bloques a pasatiempos, aprender habilidades nuevas, leer o perseguir intereses intelectuales.
- **Tiempo social y familiar:** Planifica interacciones regulares con tus seres queridos, amistades y grupos comunitarios.
- **Tiempo para ayudar a otros:** Destina tiempo al voluntariado o a contribuir a causas que te importen.

- **Tiempo de descanso y ocio:** Asegúrate de tener periodos de relajación, aficiones y puro disfrute sin presión. Tiempo para no hacer nada y simplemente ser: Esto es crucial. Abraza el tiempo no estructurado, permitiendo la espontaneidad, el soñar despierto o simplemente existir sin una tarea.

Reasignar tu tiempo también es reinventar tu relación con la vida. Se trata de pasar de una existencia impulsada por el tiempo a un enfoque del tiempo impulsado por la vida.

## ERRORES COMUNES... ¡Y CÓMO EVITARLOS! (NOTAS DE ERRORES QUE OTROS, INCLUYÉNDOME A MÍ, HEMOS COMETIDO AL PRINCIPIO DE LA JUBILACIÓN, Y APRENDIDO DE ELLOS)

- **Querer llenar la agenda de inmediato:** Después de décadas acostumbrados a tener días completamente ocupados y agendas cargadas al 110%, la repentina abundancia de tiempo libre puede sentirse como un vacío, llevando a muchas personas jubiladas a sobrecargarse de actividades. Esto suele derivar en "estar siempre ocupados" sin un verdadero propósito, reemplazando una forma de estrés por otra.
    - **Cómo evitarlo:** Resiste la tentación de comprometerte con todo a la vez. Permite un período de «descompresión». Date espacio para que surjan intereses nuevos de forma orgánica en lugar de forzarlos. Experimenta con actividades antes de comprometerte a largo plazo. Recuerda: calidad por encima de cantidad.
- **Posponer indefinidamente lo importante:** La idea de «Ahora tengo mucho tiempo; haré eso más tarde»

puede convertirse en una trampa sutil pero poderosa. Los sueños que has postergado durante años podrían seguir postergándose si no les das prioridad.

- **Cómo evitarlo:** identifica de 1 a 3 metas no negociables para tu jubilación (por ejemplo, escribir un libro, escribir tus memorias, aprender un idioma o una tecnología nueva, viajar a un lugar específico). Divídelas en pasos pequeños y accionables. Fija una fecha específica y realista para el primer paso de cada meta importante, aunque sea solo investigar o hacer una llamada telefónica. Trata esas metas personales con el mismo respeto que antes dabas a los plazos de trabajo.

- **No darte momentos de pausa:** En una sociedad que a menudo equipara el valor individual con la actividad constante, puede parecer contraintuitivo simplemente «ser». Sin embargo, el descanso no solo es válido; es absolutamente esencial para el bienestar mental, emocional y físico en la jubilación. No necesitas «ganártelo»; es una parte fundamental de vivir bien y disfrutar de tu nueva libertad.
  - **Cómo evitarlo:** programa «espacios en blanco» o «tiempo no estructurado» en tu semana ideal. Practica la atención plena y saborea los momentos simples (por ejemplo, tu café de la mañana, un atardecer). Reconoce que el verdadero descanso es productivo a su manera, pues fomenta la creatividad y la resiliencia. No te sientas culpable por tomar una siesta o pasar una tarde leyendo.
- **Dificultad para delegar tareas:** Para muchas personas, especialmente quienes han ocupado roles de liderazgo o son dueñas de negocios, soltar el control puede ser extremadamente desafiante. El deseo de mantener la supervisión o la creencia de que «nadie

puede hacerlo tan bien como yo» puede impedirte liberar realmente tu tiempo y tu energía para actividades nuevas.

- **Cómo evitarlo:** empieza por delegar en pequeño. Identifica tareas que otras personas puedan manejar razonablemente. Ofrece instrucciones claras y el apoyo necesario, pero luego da un paso atrás y confía. Reconoce que la ejecución perfecta no siempre es necesaria; «suficientemente bien» suele ser suficiente. Considera la delegación como un acto de empoderamiento para otras personas y de liberación para ti. Esta habilidad es vital no solo para una transición laboral saludable, sino también para una vida de jubilación equilibrada.

Antes de cerrar este capítulo, quiero compartir una historia personal que refleja todo lo que hemos discutido hasta ahora:

### *MI PROPIA SALIDA GRADUAL: MENOS TÍTULO, MÁS VIDA*

*Un par de años antes de la fecha que imaginaba como el momento adecuado para jubilarme de mi último trabajo corporativo, empecé a tener conversaciones sinceras con mi jefe y con el departamento de RR. HH. Sabía que no quería salir corriendo por la puerta, ni tampoco quedarme hasta que alguien tuviera que venir a apagar la luz de mi oficina. Quería hacer una transición reflexiva y fluida, y seguir contribuyendo con un impacto positivo para todos. Así que juntos comenzamos la búsqueda de mi sucesor; primero, internamente y luego, también externamente. Cuando por fin encontramos a la persona adecuada y ésta asumió el cargo, yo pasé a un nuevo puesto dentro del grupo corporativo. Era un rol más limitado, con menos responsabilidad y un título mas limitado, lo cual, honestamente, fue un alivio. Me permitió estar cerca para apoyar cuando fuera necesario en mi posición anterior, pero sin estar encima. Al mismo tiempo, me pidieron enfocarme en proyectos especiales que llevaban tiempo pendientes y en los que mi experiencia y conocimiento de la organización eran útiles y posiblemente necesarios. Lo interesante fue que esta etapa no solo benefició a la nueva persona, a mis exequipo, y a la organización; también me ayudó a bajar el ritmo, reorganizar mi energía y, de paso, como empecé a trabajar a distancia, a estar más presente en la vida cotidiana de casa. Aunque, por supuesto, eso también tuvo sus ajustes: mi esposa, que estaba acostumbrada a verme siempre entre aeropuertos y reuniones, tuvo que adaptarse a verme trabajar desde casa la mayoría del tiempo, entrar en la cocina a media mañana con ideas para la comida y comentarios sobre la decoración. Fue una transición que me permitió soltar mi puesto anterior con gracia, estar presente sin estorbar y empezar a saborear lo que venía después. Y hoy, mirando hacia atrás, me alegra haberlo hecho así: ni de golpe ni a la fuerza, sino con tiempo, intención, humildad y humanidad.*

## RESUMEN DEL CAPÍTULO:

El primer capítulo trató sobre revisar tu situación actual, un acto de autoevaluación compasiva: «me observo, me reconozco y me acepto donde estoy, para poder avanzar hacia donde quiero estar». Con este mapa interno más claro, estarías en condiciones de dar el siguiente paso hacia una jubilación significativa con alegría genuina.

Ahora, este segundo capítulo ha presentado el proceso crucial para reconfigurar tu relación con el tiempo, que es un recurso que se transforma radicalmente en la jubilación. Hemos explorado la profunda importancia de desacelerar conscientemente tu ritmo de trabajo si aún estás activo, ya sea como empleado o como dueño de un negocio. Esta desaceleración deliberada no solo es vital para tu bienestar personal y la reducción del estrés, sino también para asegurar la dignidad y la responsabilidad de una sucesión fluida y bien planificada.

Para las personas empleadas, esto implica iniciar diálogos tempranos y transparentes con tus supervisores y Recursos Humanos , aprovechar las evaluaciones de desempeño y conversar sobre posibles cronogramas y necesidades de transferencia de conocimiento. El objetivo es preparar a la empresa y a ti para una transición armoniosa, cambiando el enfoque de continuar subiendo por la escalera corporativa a visualizar y preparar tu vida en jubilación. Estrategias como abrazar el cambio con realismo, negociar reducción de horas, ajustar el nivel de compromiso e implementar planes conscientes de sucesión (incluida la delegación progresiva y la exploración de roles puente, como la mentoría o la formación) son cruciales para una transición laboral saludable.

Para dueñas y dueños de negocios, el proceso está aún más entrelazado con la identidad. Exige una planificación intencional de salida, conversaciones abiertas con socias/os y familia sobre la evolución natural del negocio, y un cambio de mentalidad crítico para ver la empresa como un sistema autosostenible. La reducción gradual de la participación, el ajuste del compromiso emocional y la identificación y mentoría de sucesores son estrategias clave para asegurar la continuidad del negocio mientras se fomenta el desapego personal.

Independientemente de tu trayectoria profesional, cabe una advertencia vital: **no utilices una transición gradual como excusa para posponer indefinidamente la jubilación.** Respeta tu plan, mantén la flexibilidad, y mantén a la vista tu objetivo final: construir la vida de jubilación con propósito que quieres y mereces.

Una vez que hayas dejado el trabajo a tiempo completo, el capítulo destaca que el concepto de tiempo se transforma radicalmente. Ya no lo dictan obligaciones externas, sino que ahora el tiempo se abre como un lienzo en blanco. Esta libertad recién conquistada, aunque deseada, puede resultar abrumadora si no se maneja con intención. El cambio mental critico es pasar de «¿Cuánto tengo que hacer hoy?» a «¿Cómo quiero vivir este día?». Reestructurar tu tiempo es crucial porque, sin una estructura mínima, el tiempo puede diluirse y llevar al vacío o a la pérdida de identidad. ¡Ahora decides tú!

El capítulo presenta las **cuatro claves para reequilibrar tu tiempo con sentido:**

1. **Redefinir la productividad:** de tener que producir resultado externo a invertir tiempo y energía en producir lo que genuinamente te nutre.
2. **Crear una rutina flexible** que se alinee con tus prioridades, tu estilo personal y tus ciclos de energía, que te aporte estructura sin asfixiar la libertad y la espontaneidad.
3. **Aprovechar tus ritmos naturales y momentos de energía**, adaptando las actividades a tus picos en lugar de forzarte a encajar en un horario rígido.
4. **Aprender a decir «NO» con amabilidad** para proteger tu tiempo recién ganado de las demandas externas, asegurando que se use para lo que de verdad te trae bienestar y sentido.

El ejercicio sugerido, un mapa consciente del tiempo, te guía por un inventario personal de varias semanas: registrar tu tiempo, identificar lo que te aporta energía y lo que te la drena, observar comportamientos en piloto automático, imaginar una jornada ideal post laboral y llevar a cabo «micro experimentos». Esta autoevaluación detallada es la base de una planificación intencional de la jubilación con propósito.

Por último, el capítulo aborda **errores comunes** –como llenar la agenda de inmediato, posponer indefinidamente metas importantes, descuidar los momentos de pausa y enfrentar dificultades para delegar— ofreciendo consejos prácticos para evitar estos tropiezos. La historia personal de una «salida gradual» ilustra de forma clara y objetiva los beneficios de una transición reflexiva e intencional.

El impacto de este rebalanceo del tiempo trasciende el ámbito profesional, extendiéndose a cada rincón de tu vida personal y familiar. Dejar atrás estructuras laborales rígidas implica un ajuste significativo para ti y tus seres queridos, y requiere adaptación a nuevas dinámicas. Este capítulo te invita a coreografiar tu propio tiempo, a definir tus prioridades y a construir una rutina flexible que te nutra. Al hacerlo, no solo estarás gestionando tus días, sino también sentando las bases de una etapa de plenitud, donde cada momento cuenta y cada elección te acerca a la vida con propósito que mereces. La clave es la intención: no dejar que el tiempo te arrastre, sino conducirlo con sabiduría y alegría. Con este nuevo entendimiento del tiempo, ya puedes sumergirte en la siguiente «R» de tu viaje.

# CAPÍTULO 3

## R3- RELAJACIÓN Y BIENESTAR EMOCIONAL

---

"A veces, lo más productivo que puedes hacer es no hacer nada y relajarte."

MARK BLACK

---

### *"LA PRISA DE ERNESTO Y EL COSTO DE NO DESCANSAR"*

*Ernesto, un ejecutivo acostumbrado a una vida laboral frenética, se lanzó a llenar cada minuto de su jubilación con actividades desde el primer día que dejó de trabajar: cursos, voluntariado y diversas responsabilidades. En lugar de relajarse, replicó el ritmo agotador que lo había acompañado durante décadas. Su esposa, Elena, pronto notó que la prisa le estaba pasando factura: Ernesto se veía exhausto, irritable, y tenía problemas para dormir.*

*Un día, Elena le recordó las palabras del Dr. Daniel*

*Levitin en "Envejecimiento exitoso", quien enfatiza la importancia de desacelerar en la mediana edad. Levitin sostiene que el cerebro necesita tiempo para procesar y que el sobreesfuerzo conduce al cansancio y al estrés. Ernesto, al reflexionar sobre esto, se dio cuenta de que estaba sacrificando su bienestar por una necesidad autoimpuesta de productividad. Al reconocer su error, empezó a despejar su agenda, permitiéndose disfrutar del simple placer de la quietud y el descanso. Este cambio le devolvió la alegría y la serenidad, demostrando que una jubilación con propósito no se trata de llenar cada espacio, sino de encontrar un equilibrio saludable entre la actividad y el valioso arte de no hacer nada, al menos por un tiempo.*

## EL DESCANSO TAMBIÉN ES PARTE DE LA AGENDA

Después de tantos años inmerso en el exigente ritmo de la vida laboral, con jornadas largas, turnos pesados, o con agendas apretadas, correos electrónicos interminables, múltiples responsabilidades y decisiones constantes, es perfectamente válido tomarse un verdadero descanso. Un descanso real. De hecho, más que válido, es necesario.

Al llegar a esta etapa de vida en la jubilación, muchas personas sienten la presión de diseñar e implementar de inmediato un nuevo plan de vida, como si dejar de trabajar significara reemplazar el trabajo por otra forma de productividad. Pero no hay prisa. ¡Mantente ocupada u ocupado, pero ocupada u ocupado en ser tú!

Tomarte unos días, semanas o incluso un par de meses para simplemente descansar, desconectarte de tu ritmo anterior y recargar tus energías es un paso fundamental. Este período no es una pérdida de tiempo; es una inversión en tu bienestar.

Durante esta etapa, puedes simplemente observar. Respirar. Dormir sin despertador. Deambular sin rumbo. Estar presente sin tener que producir. Es una oportunidad para permitir que tu cuerpo y tu mente procesen el cambio, porque cerrar un capítulo de décadas no sucede de la noche a la mañana.

En este capítulo, vamos a hablar sobre la importancia de pausar, relajarse, recargar... y desde ahí, empezar a reconectar contigo mismo. Porque el verdadero bienestar no se logra corriendo hacia algo nuevo, sino dándote espacio para reconectar contigo con calma y sin culpa.

### *UNA PAUSA REAL. MI EXPERIENCIA PERSONAL*

*Cuando por fin dejé el mundo corporativo, después de más de trece años en la misma empresa, dejé mi puesto un viernes. En lugar de obsesionarme con lo que haría al día siguiente, o la semana siguiente, o el mes siguiente, mi esposa y yo emprendimos algo completamente diferente que habíamos planificado desde hacía un tiempo: un viaje por carretera de quince días con nuestras nietas, explorando el este de Estados Unidos. Para el lunes siguiente, ya estábamos en camino. Eso tenía una intención clara: necesitaba desconectarme. Fue la primera vez en muchísimos años que viajé sin mi portátil de trabajo, ni iPad, ni siquiera una libreta para anotar ideas para el "plan de jubilación". Quería desconectarme de verdad, sin la tentación de "ponerme a trabajar en algo pro- ductivo". Durante esas dos semanas, estuve totalmente enfocado en el momento: las risas, los paisajes, las historias, los pequeños desvíos en el camino, las comidas improvisadas. Nada de revisar correos. Nada de pensar en los próximos pasos que no tuvieran que ver con el viaje.*

*Ese viaje fue mi verdadero "botón de reinicio". Me permitió desacelerar, respirar hondo y empezar esta nueva etapa con la mente clara y el corazón lleno. No necesitaba empezar a planificar de inmediato; necesitaba recargarme, y eso fue lo que hice.*

## CÓMO RECARGAR CUERPO, MENTE Y ESPÍRITU

Una vez que te das permiso para descansar, el siguiente paso es reconectar con lo que te nutre. Recargar no solo significa no hacer nada; significa hacer cosas que te llenen, que te oxigenen desde dentro. Aquí van algunas ideas:

- **Movimiento suave:** Caminar, nadar, estirar, andar en bicicleta; no para entrenar, sino para sentir tu cuerpo moverse con libertad. Mira a tu alrededor, notando el entorno; respira el aire, observa a los animales, las aves, los lagos, la arena, el sendero... lo que haya.
- **Naturaleza:** Pasar tiempo al aire libre tiene un impacto directo en la salud emocional. Jardinería, avistamiento de aves, contemplar el mar o simplemente sentarse bajo un árbol.
- **Sueño reparador:** Dale a tu cuerpo el descanso que probablemente le has negado durante años. Un buen sueño es la base de la claridad mental y el equilibrio emocional.
- **Desintoxicación digital:** Reduce el uso del teléfono o las redes sociales durante unos días. Regálate silencio y atención plena.
- **Lectura sin objetivo:** Lee por placer, sin la presión de "aprender algo". Novelas, poesía, biografías, cualquier género que despierte tu imaginación y tu curiosidad.
- **Pequeños placeres:** Cocinar algo especial, ver una película clásica, ordenar tu espacio con música de fondo, pintar, escribir.

Cada quien recarga a su manera. Lo importante es reconocer qué te da energía y cultivarlo sin culpa. Una jubilación con júbilo no empieza con una lista de "tareas", sino con una pausa consciente para reconectar con lo que te hace sentir bien.

## RELAJACIÓN: EL ARTE DE ENTREGARTE AL DISFRUTE

La jubilación con propósito es tu oportunidad de apartarte del ajetreo constante y redescubrir el placer de relajarte de verdad. No es una etapa para "ganarse" el descanso, sino para integrarlo como parte de una vida equilibrada. Aquí tienes algunas formas de incorporar más relajación a tu día a día:

### a) Aficiones placenteras

Después de una vida laboral tan estructurada y orientada a resultados, muchas personas llegan a la jubilación con una extraña sensación de vacío respecto a actividades hechas simplemente por placer. Redescubrir las aficiones es más que una distracción; es reconectar con partes de ti que quizás habías olvidado, o al menos relegado un poco. ¿Recuerdas qué te gustaba hacer cuando realmente tenías tiempo libre?

Puede ser algo que hacías de niña o niño, o de joven, como tocar un instrumento, armar maquetas o escribir, o un interés más reciente como cocinar, probar platos nuevos, cultivar un pequeño huerto o aprender fotografía. Las aficiones, o hobbies, son esos espacios donde la mente se relaja, el alma se expande y el tiempo deja de ser una carrera contra el reloj.

No importa si lo haces bien o no, si eres una persona experta o principiante. Lo importante es el disfrute, la conexión contigo y el permiso para volver a jugar.

Ejercicio 1 - Haz una lista de aficiones que te hayan interesado o que hayas practicado antes. Anota cuándo fue la última vez que las hiciste y qué te ha impedido retomarlas.

Ejercicio 2 - Elige dos de ellas y reserva momentos específicos durante un mes para practicarlas. Al final de cada sesión, escribe cómo te sentiste y qué necesitarías para continuar.

### b) Aventuras de viaje

Viajar no tiene por qué significar tomar un avión al otro lado del mundo; aunque si puedes y quieres, adelante. A veces, un viaje significativo comienza a pocos kilómetros de casa. Lo importante no es la distancia, sino la intención: salir de la rutina, mirar con ojos nuevos y darle al alma un cambio de aires.

En la jubilación, el tiempo está menos fragmentado, lo que abre una oportunidad maravillosa para moverse con calma, planificar con ilusión y viajar con curiosidad. Puede ser visitar ese lugar con el que siempre soñaste o volver a un sitio querido con una visión nueva y una nueva perspectiva. Puede ser explorar tu propia ciudad como si fueras turista o emprender un viaje por carretera sin destino fijo. Viajar oxigena la mente, estimula la conversación y enriquece nuestra historia personal.

Ejercicio 1 - Crea tu propia "Lista de lugares por visitar", separando destinos locales, nacionales e internacionales. Junto a cada lugar, escribe por qué te gustaría ir, qué te atrae y qué te gustaría experimentar allí.

Ejercicio 2 - Elige un destino y empieza a imaginarlo. Investiga alojamiento, transporte y actividades. Crea un pequeño itinerario y fija una fecha tentativa, incluso si es para dentro de mucho tiempo. El mero hecho de planificar es una forma de viajar con la mente y el corazón.

Puede ser un paseo corto o un viaje soñado; lo importante es moverte con intención y curiosidad.

## c) Prácticas de atención plena

En un mundo donde el ritmo acelerado ha sido la norma durante décadas, aprender a estar presente puede parecer un lujo, pero en realidad es una necesidad. *Mindfulness,* también conocida como "atención plena", es la práctica de estar completamente presente en cuerpo y mente, aquí y ahora. Se trata de tomar conciencia del momento presente sin juzgar y con una disposición abierta y amable hacia lo que esté ocurriendo.

Tras la jubilación, muchas personas descubren que aunque el cuerpo ya no corre, la mente sigue funcionando como si estuviera en la oficina: acelerada, dispersa y llena de listas mentales. El "mindfulness" es una invitación a bajar el volumen interno y reconectar con lo esencial.

Puedes practicarlo al caminar, cocinar, escuchar música o simplemente al respirar. No se trata de "vaciar la mente", sino de observarla sin reaccionar. Poco a poco, esta práctica te ayuda a reducir el estrés, descansar mejor y sentirte más presente en tu propia vida.

Ejercicio 1 - Investiga técnicas de mindfulness o de meditación. Anota las que más te atraigan y los recursos (aplicaciones [apps], libros o videos) que podrías usar como guía.

Ejercicio 2 - Haz un reto de 30 días, dedicando 10 minutos diarios a la práctica de atención plena. Registra lo que observes sobre tu bienestar.

## d) Bienestar integral

Tras años de vivir con el cuerpo en piloto automático—ya sea operando maquinaria, trabajando turnos exigentes en una fábrica, saltando de reunión en reunión, viajando constantemente por trabajo, o pasando largas horas frente a una computadora—llega un momento en que el cuerpo también pide ser escuchado. El bienestar integral no es solo no estar enfermo, sino sentirse renovado, vital y en paz con tu propio ritmo.

Este puede ser el momento ideal para redescubrir el placer de cuidar tu cuerpo. Un buen comienzo es hacerte un chequeo médico general, algo que a veces posponemos por falta de tiempo o por prioridades laborales. Conocer cómo estás por dentro es un acto de responsabilidad contigo y te da una base clara desde la cual puedes empezar a cuidarte.

Después de eso, entrégate al placer de reconectar con tu bienestar físico: date un masaje, sumérgete en un baño tibio, camina despacio al atardecer, prueba una clase de yoga o incluso simplemente recuéstate a escuchar música con los ojos cerrados.

Cuidar el cuerpo es cuidar el alma. Cuando te brindas afecto físico y respeto, tu mente también te lo agradece.

Ejercicio 1 - Investiga spas, centros de bienestar o actividades relajantes cerca de tu zona. Anota sus servicios, horarios, precios y qué te atrae de cada uno.

Ejercicio 2 - Reserva una experiencia para ti dentro de los próximos tres meses y anota cómo te sentiste antes, durante y después.

### e) Disfrutar los momentos

No todos los placeres tienen que venir en forma de viajes exóticos o grandes gestos. A veces, lo más valioso está justo delante de ti: una taza caliente de café, una charla sin prisas, un amanecer que no ves desde hace años porque siempre ibas con apuro, o despertarte y levantarte a las 10:00 a. m. por primera vez en mucho tiempo.

Vivir con alegría en la jubilación también es una invitación a redescubrir el arte de estar presente. Y eso incluye cosas sencillas como disfrutar del pan recién horneado, observar cómo se mueve la luz por la casa a distintas horas del día o decir "sí" a una siesta sin remordimiento o sentimiento de culpa.

Saborear el momento significa permitirte vivir despacio, sin ese reloj interior que, durante años, dictó lo que debías hacer a cada hora. Ahora puedes dejar que el tiempo te acompañe, no que te persiga.

Y si al principio te sientes culpable por no "producir algo", recuerda que también es valioso simplemente ser una misma o uno mismo, aunque sea estar en pantuflas, leyendo o viendo las noticias por tercera vez, o revisando las redes sociales para enterarte de las últimas novedades del día.

Ejercicio 1 - Durante una semana, cada día elige un momento para saborearlo plenamente. Puede ser de 15 minutos, una hora o incluso toda una mañana. Procura variar la hora y la actividad que observas.

Ejercicio 2 - Escribe cada noche sobre ese momento: cómo fue, cómo te sentiste y qué descubriste.

## RECARGA EMOCIONAL: BIENESTAR DURADERO

Muchas veces, creemos que con dejar de trabajar y dormir más ya estamos descansando. Pero existe un cansancio más profundo, el cansancio emocional, que no se resuelve solo con horas de sueño o vacaciones. Es el desgaste acumulado de años de responsabilidades, preocupaciones y exigencias. Por eso, recargar lo emocional es tan importante como el descanso físico. Se trata de recuperar el equilibrio interno, volver a encontrar la paz mental y sentirte bien contigo, desde dentro.

Una mente y un corazón en calma son la base de una jubilación plena. Aquí tienes formas de cultivar tu bienestar emocional:

### a) Conexiones significativas

Fortalecer las conexiones no se trata solo de hacer más llamadas o enviar mensajes esporádicos. Se trata de reconectar de verdad: estar presente, compartir tiempo de calidad y cultivar relaciones que te nutran. En esta etapa de la vida, lo más importante no es la cantidad de personas a tu alrededor, sino la profundidad de las conexiones que mantienes.

Reconecta con amistades de antes con quienes, por un motivo u otro, hace tiempo no has hablado, conversa sin prisas con un ser querido, invita a alguien a caminar, cocinen juntos o simplemente siéntense a recordar y revivir tiempos y experiencias pasadas. A veces, basta con la presencia y la disposición para abrir un nuevo capítulo en vínculos antiguos.

Participar en tu comunidad también puede ampliar tu círculo de apoyo. Puede ser un club, un grupo cultural, un club de lectura o una actividad recreativa. La idea no es llenar tu agenda, sino hacer espacio para momentos genuinos de conexión.

Ejercicio 1 - Haz una lista de las personas que aprecias, incluso aquellas que están geográficamente lejos o forman parte de un pasado más distante. ¿Cuándo fue la última vez que hablaste con cada una? ¿Cómo te sentiste en ese último encuentro?

Ejercicio 2 - Elige a dos de estas personas para compartir una actividad especial este mes. No tiene que ser algo que requiera presencia física (aunque si es posible hacerlo sería mejor). Apoyado por tecnología, podría ser una reunión virtual vía Zoom, Face Time, u otro medio virtual.

Además, puedes buscar un club o grupo local que te interese y participa en al menos una actividad. Participar en tu comunidad también es parte del bienestar, al crear y establecer nuevos vínculos con personas de varios intereses y antecedentes, que le pueden dar un giro diferente a tu vida social e intelectual.

## b) Pedir apoyo también es un signo de fortaleza

Uno de los mitos más persistentes que cargamos desde jóvenes (sobre todo los varones que han sido jefes de familia, o lideres en el trabajo o en otros grupos) es la idea de que pedir ayuda es señal de debilidad. En realidad, es todo lo contrario:

Pedir apoyo, especialmente en una etapa de transición como la jubilación, es una muestra de valentía, honestidad con uno mismo, autoconciencia y autocuidado.

Durante años quizás te acostumbraste a ser quien resolvía problemas, el líder, quien llevaba responsabilidades, ya fuera en el ámbito laboral o como cabeza de familia. Pero ahora entras en una etapa diferente, en la que reconocer tus emociones y compartirlas puede abrir nuevas vías para el bienestar.

Buscar apoyo no siempre significa ir a terapia—aunque esa es una excelente opción. Buscar apoyo también puede significar hablar con alguien de confianza, unirte a un grupo de personas en situaciones similares o permitirte expresar lo que sientes sin tener que "tenerlo todo resuelto".

## *El caso de Jonathan*

*Jonathan, que fuera gerente en una empresa y con una brillante carrera, acostumbrado a trabajar con planes, agendas y estructuras, comenzó a sentirse perdido y sin rumbo al jubilarse. No estaba habituado a actuar sin "una hoja de ruta" o "un plan de acción". Tras un par de meses, su esposa, que sabía cómo estaba acostumbrado a trabajar y que era un poco orgulloso, lo animó a hablar con un consejero en transiciones de vida. Aunque un poco renuente, él acepto hacer la prueba. En solo unas pocas sesiones, y para su sorpresa, Jonathan no solo entendió lo que le estaba pasando, sino que también pudo redefinir sus días con claridad y propósito. "Pedir ayuda", admitió después, "fue el primer paso para volver a sentirme yo mismo".*

Ejercicio 1 - Tómate un momento tranquilo y sin interrupciones para reflexionar sobre los cambios por los que estás atravesando o que anticipas en esta nueva etapa. Pueden ser cambios emocionales, en la rutina, en las relaciones o en el propósito que te habías marcado. Escríbelos uno por uno en un diario o en tu app favorita, junto con las emociones que esos cambios te generan. Esto te ayudará a identificar con mayor claridad qué áreas de tu vida necesitan atención o apoyo.

Ejercicio 2 - Con base en lo que anotaste del ejercicio anterior, busca ayuda de profesionales o recursos de apoyo emocional. Puede ser un/a terapeuta, un/a consejero/a, un grupo de apoyo o incluso un espacio de encuentro comunitario. Agenda una consulta o visita inicial. Después de ese primer paso, anota cómo te sentiste antes, durante y después. Reflexiona sobre si sentiste que te escucharon, si surgieron ideas nuevas o si te diste cuenta de algo importante. A veces, simplemente hablar forma parte del alivio.

### c) Servir a los demás

Cuando has sido una persona dedica tantos años a una ocupación profesional, es fácil pensar que el valor personal está ligado a los resultados obtenidos en el cargo o a los logros en ese trabajo. Pero al llegar a la jubilación, descubrimos que dar, sirviendo a otros, también puede ser una poderosa forma de recibir. Servir a los demás, ya sea con tiempo, experiencia o simplemente con presencia, genera un profundo sentimiento de satisfacción, propósito, conexión y gratitud.

El voluntariado no consiste en "llenar horas muertas", sino en poner todo lo que has aprendido y la experiencia acumulada a lo largo de esos años al servicio de otras personas. No subestimes (y, desde luego, **no desaproveches**) todo ese conocimiento y experiencia acumulada; aplícalos a una causa filantrópica que beneficie a otras personas. Puede ser ayudar a una fundación, compartir conocimientos con jóvenes, acompañar a personas mayores o colaborar con una causa que te conmueva, etc. El impacto emocional es real: te sientes útil, necesario/a y en conexión con algo más grande que tú. En un capítulo posterior, abordaremos este tema con mucho más detalle.

### *El caso de María*

*María, por ejemplo, se jubiló después de 30 años como contadora. Al principio, no sabía qué hacer con tanto tiempo libre. Un día acompañó a una amiga a un taller de alfabetización en su barrio, y algo se encendió dentro de ella. Hoy, dedica dos mañanas a la semana a enseñar lectura a personas mayores. "No solo les enseño," dijo una vez... "Ellas también me devuelven la alegría de aprender, y eso me mantiene motivada y viva."*

Ejercicio 1 - Tómate un momento tranquilo para pensar en las causas sociales, educativas, culturales o ambientales que te han atraído a lo largo de los años. Pueden ser temas que en su momento te conmovieron, situaciones que viviste de primera mano o, simplemente, ámbitos en los que sientes que podrías marcar una diferencia. Escríbelas todas en tu cuaderno o diario y, junto a cada una, anota si tienes alguna experiencia previa relacionada o qué tipo de aportes podrías ofrecer dada tu experiencia y conocimientos. Abre tu mente a posibilidades que no parezcan obvias a primera vista. Se creativo/a. Este ejercicio te ayudará a tomar conciencia de tus motivaciones internas e identificar espacios donde podrías generar un impacto auténtico.

Ejercicio 2 - Elige una de las causas que identificaste y busca oportunidades de voluntariado cercanas. Puedes hacerlo preguntando en centros comunitarios, iglesias, ONG (organizaciones no gubernamentales), escuelas o incluso explorando plataformas en línea. Cuando encuentres una opción que resuene contigo, comprométete a participar en al menos una actividad durante el próximo trimestre. Tras la experiencia, escribe cómo te sentiste antes, durante y después: ¿Te sentiste motivado/a? ¿Te sentiste útil? ¿Disfrutaste el contacto humano? ¿Qué emociones aparecieron? Reflexionar sobre este proceso te permitirá evaluar el verdadero valor de contribuir a otras personas desde tu nueva etapa de vida.

### d) Aprendizaje continuo

La mente también necesita estímulo, y una de las formas más gratificantes de mantenerla activa es aprender sin la presión de tener que rendir cuentas ni demostrar resultados. En la jubilación, tienes la oportunidad de volver a ser aprendiz, esta vez por puro gusto: por curiosidad, alegría y exploración.

Aprender en esta etapa no se trata de obtener un título ni de alcanzar una meta ambiciosa. Se trata de descubrir qué enciende tu mente y tu corazón. Puede ir desde aprender a tocar un instrumento hasta entender astronomía, aprender a cocinar platos exóticos, tomar un curso de historia del arte, o incluso aprender lo básico de nuevas tecnologías como Inteligencia Artificial (IA).

Cuando aprendes sin presión, conectas con una versión de ti mismo más libre: aquella que experimenta solo por curiosidad, que si se equivoca, se ríe y sigue adelante. Es un regalo que te haces para mantenerte despierto/a y vital. Aprender algo nuevo te mantiene ágil y entusiasta.

Ejercicio 1 - Tómate un momento para reflexionar sobre los temas o habilidades que siempre han despertado tu curiosidad pero que, por una u otra razón, nunca tuviste tiempo de explorar. Puedes dividir tu lista en dos categorías: una con áreas relacionadas con tu profesión (por ejemplo, para mantenerte actualizado/a y seguir conectado/a con el mundo del que vienes) y otra con temas completamente nuevos o personales, como arte, historia, jardinería, escritura, idiomas, cocina, tecnología o cualquier otra cosa que te intrigue. Este ejercicio no solo te ayudará a reconectar con tus intereses, sino que también puede revelar nuevas pasiones que estaban esperando su momento.

Ejercicio 2 - Elige una de las áreas que listaste en cada categoría (de tu profesión y nuevas o personales) y busca un curso, taller o experiencia de aprendizaje que se ajuste a tu ritmo y estilo. Puede ser presencial, en una universidad con cursos de aprendizaje continuo para mayores, en una biblioteca local o totalmente en línea. Inscríbete y comienza tu aprendizaje con apertura y disfrute. A medida que avances, lleva un pequeño diario en el que registres no solo lo que aprendes, sino también cómo te sientes: ¿te entusiasma? ¿Te desafía? ¿Te inspira? Aprender sin presión puede convertirse en una fuente poderosa de energía emocional y mental.

## e) Reflexión personal

La jubilación con propósito es una invitación a mirar hacia adentro de ti mismo/a, como quien se sienta frente a un lago en calma y empieza a ver con claridad el reflejo de lo que ha sido, lo que es y lo que aún puede ser. No es un ejercicio de nostalgia ni de juicio, sino un acto profundo de escucha y comprensión.

Tras décadas centrado/a en responder a las demandas del trabajo, la familia y la sociedad, esta etapa de jubilación te ofrece algo que antes era escaso: tiempo para ti. Tiempo para preguntarte, sin prisas, quién eres ahora, qué te mueve, qué has dejado atrás y qué sueños pueden estar todavía esperando su turno.

La reflexión personal es una forma de reorganizar tu mundo interior. No se trata de resolverlo todo, sino de ir reconociendo, poco a poco, qué necesitas soltar y qué merece renacer (o nacer si nunca lo tuviste). Es una brújula emocional que te ayuda a caminar con más sentido, sintiéndote más liviano/a y en paz.

Ejercicio 1 - Reserva 20 minutos al día durante una semana para registrar libremente tus pensamientos, ya sea por escrito o mediante grabaciones de voz en tu teléfono. Elige lo que te resulte más cómodo. No se trata de crear algo "bonito" o estructurado, sino de sacar lo que llevas dentro sin filtrar. Una "tormenta de ideas" muy personal e íntima. Puedes empezar con preguntas como: ¿Cómo me siento hoy? ¿Qué me preocupa? ¿Qué me ilusiona? Registrar o escribir tus ideas te permite escucharte desde una perspectiva diferente y tomar conciencia de lo que estás viviendo.

Ejercicio 2 - A lo largo del mes, continúa registrando tus pensamientos, emociones y reflexiones. Al final, puedes releer tus notas o escuchar las grabaciones. Si te sientes cómodo/a con la tecnología, considera usar una herramienta de inteligencia artificial que resuma o analice lo que escribiste (muchas aplicaciones lo permiten fácilmente). Si prefieres un enfoque más tradicional, subraya a mano lo que más te impacte, tanto positiva como negativamente. Ambos métodos son válidos. Lo importante es observar qué temas se repiten, qué patrones emergen y qué ideas nuevas aparecen, y que áreas de plano no te interesarían. Este ejercicio te ayuda a conocerte mejor y a afinar tu brújula interior.

## f) Autocuidado integral

Cuerpo, mente y espíritu forman un sistema interconectado. Cuando uno de estos aspectos se desequilibra, los otros también lo resienten. Por lo tanto, el autocuidado en esta etapa de la vida no es un lujo ni una moda, sino una práctica esencial para sostener el bienestar integral.

Durante la vida laboral activa, es común relegar las necesidades del cuerpo o el descanso mental. Ahora, vivir con alegría la jubilación te ofrece la oportunidad de reequilibrar esa balanza. El autocuidado integral implica integrar hábitos que nutran tu salud física, emocional y espiritual de forma constante y consciente.

No se trata de vivir con rigidez ni de seguir una lista interminable de "obligaciones saludables". Se trata de escucharte, observar qué necesitan tu cuerpo, tu espíritu y tu estado de ánimo, y diseñar una rutina realista y amable que te ayude a sentirte mejor cada día. Ya sea caminar por la mañana, preparar comidas más saludables, meditar unos minutos o dedicar tiempo para reír con amistades, todo suma.

El autocuidado es un compromiso contigo; no para hacer más, sino para sentirte más tú.

Ejercicio 1 - Dedica un momento de calma a pensar cómo podrías mejorar tu bienestar físico, emocional y espiritual de manera integrada. Haz una lista de actividades sencillas que te hacen bien: ejercicio físico (como caminar, estirar o nadar), alimentos que disfrutas y que te nutra, y momentos de alegría, como leer, compartir con otros, o simplemente descansar sin culpa. Con esa lista, diseña un plan semanal de autocuidado, asegurándote de incluir al menos una actividad diaria en cada dimensión: cuerpo, mente y espíritu. La idea no es llenar tu agenda, sino crear un ritmo equilibrado y sostenible.

Ejercicio 2 - Durante las próximas ocho semanas, aproximadamente, lleva un breve registro de cómo estás siguiendo tu rutina de autocuidado. Puedes hacerlo en un cuaderno o en una aplicación sencilla para tomar notas. Anota cómo te sentiste cada día: ¿estás descansando mejor? ¿Cómo estuvo tu energía? ¿Qué te hizo feliz? Este seguimiento te permitirá ver avances reales y ajustar lo que no está funcionando. Recuerda: esto no es un examen; es una conversación continua contigo para vivir con más bienestar y autenticidad.

## RESUMEN DEL CAPÍTULO:

Relajarse y recargarse no es un lujo ni una etapa "opcional" de una jubilación con propósito; es el paso lógico y necesario después de una vida dedicada a cumplir las expectativas de otros. Ahora es el momento de escucharte, atender tus propios ritmos y volver a poner tu bienestar en el centro.

Este capítulo no busca idealizar el descanso, sino mostrarte cómo puede ser tu mejor punto de partida. No se trata de "desconectar para siempre" ni de vivir en unas vacaciones eternas y desordenadas. Se trata de bajar el ritmo, observar y reorganizar tu energía, dándote permiso para hacer una pausa antes de definir lo que viene.

¿Y cómo saber si vas por buen camino? Muy sencillo; te sentirás más ligero, más curioso, con energía renovada y más disponible para ti y para los demás. Puede que no tengas todas las respuestas todavía, pero estarás más cerca de hacerte las preguntas correctas. Eso ya es mucho.

Tómate este tiempo. Disfrútalo. Cuídate como cuidarías a alguien a quien amas profundamente. Porque en este momento de la vida, mereces ser tú esa persona. Es una necesidad, y casi una obligación. Tu bienestar no es negociable. Descubre lo que te hace bien, abrázalo y haz que cada día de tu jubilación cuente desde un lugar de calma y alegría. Lo importante es reconocer lo que te da energía y cultivarlo sin culpa.

Florecer en tu vida post profesional no empieza con una lista de tareas, sino con una pausa consciente para reenfocarte y reconectar con lo que te hace sentir bien.

# CAPÍTULO 4

## R4- REMORDIMIENTOS: POR LO QUE DEJASTE ATRÁS O POR LO QUE AÚN NO HAS HECHO

---

"No lamentes lo que perdiste; más bien, pregúntate qué puedes construir con tu conocimiento y con lo que te queda".

ANÓNIMO

---

*LA ORQUESTA DE CLARA: DE LA OFICINA AL ESCENARIO*

*La Sra. Clara, una reconocida abogada corporativa, sintió un profundo vacío tras su jubilación. Los remordimientos la abrumaban; extrañaba su cargo, su prestigio profesional, su autoridad sobre el grupo que supervisaba y la adrenalina de su profesión.*
*Sin embargo, una oportunidad inesperada, un anuncio de una orquesta comunitaria, encendió una chispa. Aunque al principio parecía absurdo aprender a tocar el violín a su edad, recordó las palabras de Viktor Frankl sobre la libertad humana intrínseca de*

*cambiar en cualquier momento: "A un hombre se le puede arrebatar todo salvo una cosa: la última de las libertades humana de elegir su actitud ante cualquier tipo de circunstancias, elegir su propio camino." Esta idea le hizo ver que la jubilación no era solo para añorar el pasado, sino una oportunidad para construir un futuro diferente. Con determinación, la Sra. Clara comenzó a aprender a tocar el violín, algo que desde muy joven tenia curiosidad de hacer, y, a pesar de la frustración inicial, logró integrarse en la orquesta local. Allí, el control que anhelaba se transformó en la disciplina necesaria para dominar una nueva habilidad y en la necesidad de trabajar en equipo con otros músicos para lograr la colaboración musical. Su "título corporativo" fue reemplazado por "musico" y la alegría de crear arte junto a sus vecinos. La Sra. Clara entendió que la jubilación no era el final de quien había sido, sino el comienzo de quien podía ser, transformando sus remordimientos en la satisfacción de construir un nuevo propósito y una nueva identidad.*

## MIRAR ATRÁS SIN QUEDARSE ATRAPADO

A medida que transitamos hacia esta nueva etapa de jubilación, es inevitable que miremos hacia atrás. Encontramos una mezcla de orgullo por lo que hemos vivido y cierta nostalgia por lo que dejamos atrás o nunca llegamos a hacer. Esta reflexión puede despertar remordimientos: ¿tomé la decisión correcta al dejar ese trabajo ahora? ¿Y si...? En esta etapa de mi vida, ¿por qué no hice tal o cual cosa? ¿Será que ya es demasiado tarde?

Es completamente normal extrañar ciertos aspectos del mundo laboral: el cargo profesional, la responsabilidad de tu puesto, la influencia que quizás ejerciste, el nivel de autoridad y de toma de decisiones que tenías, la camaradería cotidiana en el trabajo, el ambiente social del lugar de trabajo, los viajes, la tranquilidad de un ingreso seguro, los beneficios, el reconocimiento... o, simplemente, la sensación de estar siempre en movimiento. Es importante reconocer y aceptar estas emociones sin juzgarlas.

En este capítulo, emprendemos un viaje valiente y necesario hacia el corazón de esos remordimientos, esas "espinas que pudieron quedar clavadas" y que a veces nos pueden impedir abrazar plenamente el presente y avanzar.

**Es perfectamente normal, válido, y aceptable tener dudas, preguntas y temores cuando empiezas a pensarlo o ya estás transitando activamente hacia este nuevo estatus de la jubilación.** Esta mezcla de emociones es una parte natural de cualquier cambio de vida significativo, y reconocerlas es el primer paso para manejarlas eficazmente. Este capítulo enfatiza que extrañar aspectos de la vida laboral, como los cargos profesionales, la influencia, la camaradería, los viajes o la sensación constante de estar en movimiento, es una parte normal de la transición. La clave es reconocer estas emociones sin juzgarlas. Expresarlas, conversarlas o simplemente aceptarlas internamente puede ser un primer paso liberador. De hecho, es perfectamente válido, e incluso necesario, permitirte sentir estas emociones sin prisa. No todo remordimiento tiene que resolverse inmediatamente; algunos solo necesitan ser comprendidos y procesados con tiempo, espacio y compasión. Date permiso para explorar estas emociones con honestidad, sin buscar respuestas instantáneas.

El capítulo también profundiza en cómo esta reflexión no se trata de autorreproche, sino de revisar tu pasado con honestidad, ganar perspectiva y usarla como un potente trampolín para lo que puede seguir siendo. Afirma que, en efecto, todavía hay tiempo, y mucho, para vivir y construir nuevas experiencias.

En esencia, emprendemos un valiente camino hacia la auto reconciliación. Al mirar atrás, reconocer lo que duele, dejar de hacer lo que ya no es apropiado, y reconectar con lo que te entusiasma; no estás cerrando ciclos, sino abriendo nuevos. Una jubilación con propósito, lejos de ser una despedida, puede convertirse en tu versión de vida más auténtica, libre y creativa. Te invita a vivir a tu manera, a tu ritmo, y con tus propias reglas, transformando el lamento en un poderoso motor de crecimiento. Con el corazón más liviano y la mirada fija en nuevas posibilidades, anímate a integrar estos aprendizajes en tu nueva vida cotidiana, tomando decisiones que resuenen con tu propósito y te llenen de una alegría serena. Tu futuro te espera, listo para que lo crees sin remordimientos, con plena conciencia y con júbilo.

## a) Cambio de prioridades

Durante la vida profesional, es natural que valoremos los títulos, el reconocimiento, los beneficios y los logros tangibles. Estos marcadores externos suelen ser el combustible principal que nos impulsa en el mundo profesional, sirviendo como señales claras de éxito y validación. La sociedad, en gran medida, nos condiciona a definir nuestro valor por nuestra trayectoria, estatus y la acumulación de bienes. Esta perspectiva tan arraigada, aunque muy eficaz para navegar las exigencias del ámbito corporativo, empresarial, o profesional, puede convertirse en un marco profundamente limitante cuando nos enfrentamos a la transición profunda de la jubilación. Es un paradigma construido sobre la validación externa y, cuando esa estructura externa se disuelve, puede dejar un vacío significativo.

Al llegar a esta nueva etapa de la vida, este tipo de recompensas... un despacho privado, si lo tenías; el cargo rimbombante; una responsabilidad critica en un proceso productivo, los reconocimientos públicos... empiezan a desaparecer (o desaparecen del todo) , y su ausencia puede desencadenar un profundo sentido de crisis de identidad o la sensación de estar a la deriva. Es común lidiar con preguntas como: "¿Quién soy si ya no ocupo ese puesto de poder o no soy quien toma las decisiones?" "¿Qué me valida si ya no firmo documentos importantes ni tomo decisiones estratégicas?" "¿Cuál es el sentido de mi día si ya no hay clientes que atender, sucursales que visitar, proyectos que supervisar o colegas que dependan de mí?"

Para quienes su vida profesional estuvo marcada por uniformes, fichar la entrada o ser la primera persona en abrir la tienda o el taller, la mera ausencia de estos rituales diarios y de los roles que representaban puede resultar profundamente desorientadora. Sin embargo, esa misma desorientación, aunque al principio sea desafiante y quizás incluso dolorosa, abre la puerta a un cambio profundo y liberador en las prioridades.

Esta etapa única de la vida nos hace una poderosa invitación a redefinir nuestro propio éxito personal de adentro hacia afuera. Ahora, lo que realmente importa no se mide por lo que logras en términos externos ni por el tamaño de tu cartera, sino por la calidad con la que vives cada día. El foco pasa de cuánto produces en un sentido cuantificable a cuánto disfrutas genuinamente los momentos, actividades y conexiones que llenan tus horas. Se trata menos de cuánto controlas y mandas y más de cuánto te desprendes con elegancia de la necesidad de validación externa y abrazas la paz interior. Te aseguro que, por mi propia experiencia, en lugar de medir el éxito por el estrés soportado para cumplir tareas, se trata de la relajación, la plenitud y la serena alegría que obtienes al dedicarte a actividades y relaciones que resuenan profundamente con tu yo auténtico.

Cambiar de prioridades no significa que lo anterior no valiera nada; todo lo contrario. Tus logros pasados, los desafíos que superaste y las contribuciones que hiciste son indelebles partes de tu historia única, y proporcionan una rica base de experiencia y sabiduría. Más bien, este cambio significa que estás en condiciones de hacer espacio a lo que realmente **ahora** nutre tu presente y nutrirá tu futuro. Es una elección proactiva e intencional para alinear tus actividades diarias, tus relaciones y la percepción que tienes de ti con tus valores y deseos en evolución, creando una vida rica en significado personal, paz interior y satisfacción genuina, en lugar de depender únicamente de reconocimientos externos o de expectativas sociales. Este es el arte de la vida diseñada por ti.

Ejercicio 1 - Abre una nueva sección en tu diario, cuaderno o app personal llamada **"Prioridades del pasado".** Enumera los logros, cargos y reconocimientos que antes valorabas. Sé lo más preciso posible. Junto a cada uno, reflexiona y anota cómo te sentiste realmente con ese logro en ese momento. ¿Fue pura alegría, alivio, un sentido del deber u otra cosa? Luego, evalúa críticamente cómo lo ves ahora, con la perspectiva que te da el tiempo. ¿Sigue teniendo el mismo peso? ¿Ha cambiado su significado? Este ejercicio te ayudará a reconocer a tu yo del pasado, honrar tu camino y comprender la profunda evolución de tus valores.

Ejercicio 2 - En otra página, crea una sección llamada "Prioridades para mi era actual de vida, diseñada por mí". Este es tu lienzo para el futuro. Escribe lo que de verdad más te importa hoy. Piensa más allá de lo tangible: puede ser una salud vibrante, tiempo profundo y significativo con tus seres queridos, una paz mental profunda, la libertad intelectual para aprender cualquier cosa que despierte tu curiosidad, el deseo desbordado de explorar nuevos lugares o ideas, o cualquier valor esencial que tenga más sentido para ti en esta etapa de tu vida. Esta lista será tu guía, tu brújula, para tomar decisiones más alineadas con quién eres ahora, guiándote para revisar tu pasado con honestidad, ponerlo en perspectiva y usarlo como un potente trampolín para construir lo que todavía puede ser. Porque sí, aún hay tiempo y abundantes oportunidades para vivir una vida rebosante de nuevas experiencias y de profunda satisfacción.

## b) Valorar las preferencias del pasado

Con los años, todas y todos hemos tomado montones de decisiones. A veces estuvieron totalmente impulsadas por nuestros deseos más profundos, pero muchas otras estuvieron moldeadas por las circunstancias de la vida, por lo que la sociedad esperaba, por necesidades prácticas o simplemente por lo que en ese momento nos parecía correcto. ¿Cuántas veces elegimos un camino por seguridad, estabilidad o quizás un poco de prestigio en nuestra carrera o incluso en nuestros círculos sociales, aunque no encendiera del todo nuestra verdadera pasión ni se sintiera plenamente "nuestro"? Y no hay porque sentirse mal, porque en su momento, ¡estuvo bien! Hicimos lo mejor que pudimos con lo que sabíamos, o con lo que nuestros roles y responsabilidades exigían. Sin juicios, solo comprensión, ¿verdad?

Ahora, cuando estás a las puertas de la jubilación o si ya llegaste, ahora puedes dedicarle atención de tiempo completo para mirar con calma y honestidad aquellas decisiones y preferencias del pasado. Esta puede ser una oportunidad verdaderamente única. No se trata de quedarse anclado en los "y si..." ni de castigarte con arrepentimientos. ¡Para nada! Se trata de identificar qué partes de esas decisiones de pasado todavía te sirven de verdad hoy y cuáles fueron solo parte de una etapa a la que ahora puedes decir adiós con gracia y consciencia. Piénsalo: ¿qué cosas materiales acumulaste, o qué logros impresionantes que antes lo eran todo, pero que hoy ya no definen quién eres ni qué te da alegría? ¿Cuáles de tus decisiones pasadas, desde dónde vivías, hasta cómo empleabas tu tiempo libre o lo que sentías que "debías" hacer, estuvieron realmente motivadas por una necesidad externa de aprobación, estatus u obligación, en lugar de un deseo genuino y sentido?

Es muy gratificante recordar que nuestros valores esenciales no están grabados en piedra; en realidad crecen y cambian junto con nosotros a lo largo del tiempo. Lo que antes parecía absolutamente esencial, como cierto sueldo, un título o estar constantemente ocupado, puede empezar naturalmente a sentirse menos importante a medida que maduramos, ganamos nuevas perspectivas y nuestras vidas cambian. La jubilación ofrece una oportunidad increíble para profundizar de verdad en esa evolución. Esta es la ocasión para tomar decisiones que estén alineadas con quién eres ahora y con lo que realmente importa para tu "yo en evolución", en lugar de quedarte atado a quien solías ser o a lo que la sociedad esperaba.

Así que, éste paso en este proceso no trata de lamentar tu pasado; en realidad se trata de reconocer de verdad tu recorrido. Se trata de ver con claridad qué te motivaba entonces, comprender por qué tomaste aquellas decisiones y luego preguntarte, con amabilidad y curiosidad: "¿Qué partes de todo aquello siguen siendo buenas para mí hoy?" "¿Qué piezas de tu pasado encajan en la imagen vibrante de tu futuro?" Esta mirada reflexiva te permite rescatar la sabiduría y las experiencias que realmente te ayudan, mientras sueltas con suavidad aquello que solo se siente como equipaje extra. Te permite honrar el camino que has transitado y entrar en tu jubilación con más autenticidad y pasos más ligeros.

Ejercicio 1 - Toma tu diario o tu app personal favorita y abre una nueva sección llamada "Preferencias del pasado". Piensa en todas esas cosas materiales, beneficios o símbolos de estatus que tuviste y que en su momento te parecieron súper importantes. Escríbelos. Luego, junto a cada uno, reflexiona de verdad: ¿te aportaron una realización profunda, una alegría duradera o una auténtica sensación de paz? O, siendo totalmente honesto, ¿sobre todo satisfacían expectativas externas, alimentaban tu ego u ofrecían una seguridad temporal? Este ejercicio puede ser un poco duro y requiere mucha honestidad, pero es clave para comprender cuáles son tus valores verdaderos.

Ejercicio 2 - Haz una lista de algunas decisiones importantes que tomaste en tu vida laboral o personal. Hablamos de movimientos profesionales de gran calado, mudanzas, inversiones grandes o incluso de cómo balanceabas el tiempo entre familia y trabajo durante épocas frenéticas. Ahora, para cada una, reflexiona: ¿cuáles de esas elecciones realmente se alineaban con tus valores personales más profundos?. ¿Y qué aprendiste de las que no, o de aquellas que, viéndolo ahora, respondieron más a presiones externas que a tu brújula interior? Este ejercicio no está para juzgar tus acciones pasadas. Más bien busca ayudarte a comprenderte mejor, obtener aprendizajes valiosos de tu recorrido y honrar de verdad el complejo camino que te ha traído hasta este momento de poderosa autoconciencia.

### c) **Oportunidades perdidas**

Todas las personas tenemos sueños que dejamos de lado por falta de tiempo, por nuestras responsabilidades y obligaciones, por miedo o simplemente porque la vida nos llevó por otros caminos. No son necesariamente fracasos; muchas veces fueron decisiones tomadas bajo circunstancias distintas, quizás por necesidad o por enfocarnos en otras prioridades cruciales como avanzar en la carrera profesional o criar a la familia. Algunos de esos anhelos permanecen como una silenciosa "espina en el corazón", un susurro persistente de "¿y si hubiera yo podido/intentado...?" que a veces aparece en momentos de silencio y provoca un leve pellizco de arrepentimiento. Otros se sienten como un eco más lejano, sueños cuidadosamente guardados para "algún día".

Pero aquí viene lo realmente emocionante: como ya lo hemos dicho, la jubilación con propósito, lejos de ser una etapa de cierre o un capítulo final, es en realidad el momento perfecto para abrir con entusiasmo puertas que antes parecían completamente fuera de alcance, o a las que les quitamos atención. Nunca es tarde para explorar viejas (o nuevas) pasiones, descubrir talentos ocultos o retomar con alegría aquellas actividades que quedaron en pausa. Y aunque es cierto que la energía física quizás no sea exactamente la de cuando tenías veinte o treinta años, lo cual está perfectamente bien, ahora posees una combinación inestimable: la sabiduría nacida de años de experiencia, un sentido más profundo de ti, y, sobre todo, la libertad de elegir cómo inviertes tu tiempo y tu energía, y posiblemente los recursos para hacerlo. Esta mezcla única puede ser mucho más poderosa que el vigor juvenil por sí solo.

Una vida plena después de la carrera ofrece una oportunidad inigualable para explorar esas pasiones latentes o postergadas que, por diversas razones, no pudiste atender durante tu agitada vida laboral. Es el momento de, metafóricamente, "desempolvar" esos sueños del estante, mirarlos con ojos nuevos y darles una nueva oportunidad de florecer. Tal vez siempre soñaste con aprender a pintar con acuarelas, tocar un instrumento musical, dominar una pieza de guitarra clásica o adentrarte en los misterios de la astronomía. Quizás anhelabas estudiar un campo completamente diferente, como historia antigua o jardinería sostenible. O tal vez, se trataba de una gran aventura, viajar a lugares exóticos que siempre imaginaste, o emprender un tranquilo y largo viaje por carretera a lo largo de tu propio país, o visitar tu pueblo natal y ver la casa donde creciste. Incluso podría ser dedicar tiempo a una causa que te inspire profundamente, como la conservación del medioambiente, el fortalecimiento de la comunidad local o la mentoría de jóvenes emprendedores. Este es sin duda el momento de hacerte estas preguntas, y ¿por qué no empezar con algo pequeño, un paso suave que te acerque a ese viejo sueño tan querido? Recuerda: todo viaje de mil millas comienza con un solo paso, y en esta etapa, incluso el paso más pequeño puede conducirte a una enorme alegría y a descubrimientos profundos.

Ejercicio 1 - Tómate un momento de calma y piensa en sueños, proyectos o ideas que alguna vez quisiste realizar, pero pusiste en pausa. Permite que tu mente divague libremente por tus recuerdos, desde aspiraciones de la infancia hasta curiosidades más recientes. Pueden ser actividades creativas (como escribir poesía, aprender alfarería o diseñar joyería), estudios académicos (una materia que siempre te pareció fascinante pero que nunca cursaste formalmente), proyectos personales (como construir un barco a escala o restaurar un mueble antiguo), nuevas experiencias (paracaidismo, cocinar platos de una cocina elaborada, aprender un nuevo idioma), o incluso distintas formas de vivir tu día a día (como el minimalismo o adoptar una nueva rutina matutina). Haz una lista abierta y sin filtros en tu diario o en tu aplicación personal. No te preocupes si parece poco práctico, demasiado ambicioso o incluso un poco tonto ahora; el único propósito de este ejercicio es identificar lo que de verdad sigue generando entusiasmo y vida dentro de ti. Esta lista inicial, sin filtros, te ayuda a reconectar con esos deseos dormidos o emergentes que pueden guiar esta nueva etapa, incluso si es apenas una chispa. Pueden ser, de verdad, cualquier actividad, idea, persona, espacio o estilo de vida que despierte tu curiosidad o tu deseo.

Ejercicio 2 - Ahora que has creado tu lista de "Sueños en pausa" es momento de dar el siguiente paso. Revisa tu lista y elige uno o dos elementos que hoy te despierten más entusiasmo o curiosidad. Selecciona aquellos que se sientan más accesibles o emocionantes para probar ahora mismo. Luego, dedica un tiempo enfocado a investigar qué pasos pequeños y concretos podrías dar esta semana para acercarte a ese sueño. Puede ser algo tan simple como buscar en internet clases para principiantes de fotografía, inscribirte en un seminario web introductorio y gratuito sobre una nueva habilidad, hablar con alguien que conozcas y que ya lo esté haciendo, pedir prestado en la biblioteca un libro sobre el tema, o regalarte una tarde para probar por tu cuenta una pequeña parte (por ejemplo, si quieres pintar, compra algunos materiales básicos y haz garabatos). Lo importante es que este primerísimo paso sea realista, amable contigo (¡sin presión por la perfección!) y fácilmente realizable. Este ejercicio no busca activar tu energía por obligación, sino ayudarte a comenzar desde el entusiasmo genuino. No esperes tener todo el plan listo; la belleza de esta etapa es que puedes empezar con el primer paso y dejar que lo demás se despliegue a medida que avanzas, descubriendo tu camino a través de la acción. Empieza con el paso mínimo viable. Lo importante es poner tu energía en movimiento desde un lugar renovado y con propósito.

### d) Reconciliación y aceptación

Cuando hablamos de remordimientos, es fácil quedarse atrapado en ese remolino del "qué habría pasado si...?". Repasamos escenarios, cuestionamos decisiones pasadas y a menudo nos encontramos atrapados en un laberinto mental que nos impide abrazar plenamente el momento presente y avanzar. Sin embargo, también es profundamente importante reconocer que, a menudo, detrás de esas emociones persistentes, hay duelos no resueltos, quizás por un camino profesional no explorado del todo, una relación que se fue diluyendo, o un sueño personal que pareció desvanecerse. Puede haber capítulos que no cerramos del todo o viejas heridas que aún duelen, incluso años después. Aceptar su existencia no es solo un reconocimiento pasivo; es el primer paso, crucial y valiente, para realmente soltar y comenzar el profundo proceso de sanación.

Un paso crucial es la **reconciliación**, que implica concedernos el **perdón** a nosotros mismos por esos 'hubiera' o carencias del pasado, y también extenderlo a quienes formaron parte de nuestro camino. No se trata de dar borrón y cuenta nueva sin más, sino de liberarnos del peso innecesario de la amargura, el resentimiento y la autoculpa. Al soltar ese **pesado equipaje emocional**, quedamos listos para caminar ligeros y enfocados hacia la nueva plenitud de nuestra jubilación con propósito.La **reconciliación**, en este contexto, no consiste en olvidar lo sucedido, ni en justificar acciones u omisiones. Más bien, consiste en permitirnos mirar esas experiencias pasadas con profunda compasión y comprensión. Se trata de reconocer que hiciste lo que debiste hacer con lo que tenías, emocional, física o mentalmente, en aquel momento. Se trata de elegir mirar tu historia desde un ángulo nuevo, uno que ofrezca claridad y aceptación en lugar de juicio. La reconciliación es el proceso suave de aflojar ese "nudo interior" de culpa o tristeza, reconocer su presencia y luego elegir conscientemente no cargarlo más como si fuera una parte obligatoria de tu equipaje cotidiano.

La **aceptación**, aquí, no significa conformarse con menos ni justificar cosas que fueron difíciles. Al contrario, significa abrazar de todo corazón la totalidad de lo vivido, sea bueno, malo, feo y los momentos difíciles, para avanzar con un espíritu más ligero y mayor libertad. Porque cuando logramos transformar de verdad el escozor del remordimiento en una profunda comprensión de nuestro camino, emerge un hondo sentimiento de paz. Esa paz no proviene de cambiar mágicamente el pasado (lo cual, como sabemos, es imposible), sino de hacer las paces con él. Proviene de extraer lecciones valiosas y sabiduría de cada experiencia, tanto positiva como desafiante, y luego intencionalmente usar ese aprendizaje para enriquecer tu presente y, incluso más importante, para moldear con fuerza tu futuro. Se trata de integrar toda tu historia en lugar de dejar partes de ella atrás.

Ejercicio 1 - Busca un momento de calma y créate un espacio seguro emocionalmente, sin juicios. Toma tu diario, cuaderno o aplicación personal y abre una sección llamada "Lo que aún duele o no debí haber hecho todavía". Allí, permítete escribir con libertad, sin ningún filtro ni autocensura, sobre experiencias pasadas que todavía resuenan en ti, te traen un pinchazo de tristeza o disparan un pensamiento de "qué habría pasado si". también piensa en aquellos pensamientos que te pudieran estar asaltando cuando te vez en la jubilación y piensas: ¿Sera que no debí haberme jubilado todavía? Anota las cosas que te hace cuestionar esa decisión . No te preocupes por oraciones perfectas ni por el flujo lógico; simplemente deja que las palabras, los pensamientos y las emociones fluyan a la página. Este no es un ejercicio para juzgarte, sino una poderosa oportunidad para simplemente desahogarte. A menudo, poner en palabras lo que sentimos es como abrir una ventana: permite que entre aire fresco y, literalmente, empiezas a respirar de otra manera, sintiendo una sensación de alivio.

Ejercicio 2 - Revisa lo que has escrito en tu sección «Lo que todavía duele o no debí haber hecho todavía». Elige una o dos situaciones que te parezcan más manejables o quizás más urgentes de atender. Ahora, escribe una carta informal y honesta directamente a tu «yo del pasado» que vivió esa situación. Habla con sensibilidad y amabilidad, como lo harías con una gran amiga o un gran amigo, o con un familiar muy querido. En esa carta, reconoce lo que ese yo del pasado atravesó, valida sus sentimientos y sus decisiones dadas las circunstancias, comparte lo que has aprendido de esa experiencia con la sabiduría que te ha dado la experiencia y, quizá, sugiere con suavidad qué harías de manera diferente hoy si volvieras a estar en esa situación (pero sin juzgar). No necesitas ser formal ni usar palabras complicadas; sé tú, hablando desde la experiencia y la compasión de hoy. Mientras escribes, puedes darte cuenta de cuánto has crecido y cuánto comprendes ahora cosas que antes eran un misterio o una fuente de dolor. Es una forma suave pero poderosa de cerrar esos círculos antiguos y avanzar más liviano, llevando las lecciones, no las cargas.

Ahora bien, si hacer este ejercicio de escritura de la carta no te resultó útil, o si removió emociones difíciles que te resultó abrumador procesar a solas, por favor, recuerda que esos sentimientos son completamente aceptables. Toda respuesta emocional es válida. En ese caso, puedes elegir otro tema de tu lista, uno que por ahora te parezca más manejable o "seguro", y volver a intentarlo desde ahí, sin ninguna presión. También puedes considerar buscar apoyo de una amistad o un familiar de confianza, o de un profesional de la orientación o de la salud mental si estas emociones se sienten demasiado intensas.

Y si, por el contrario, esta práctica te resulta liberadora o reconfortante, te animo encarecidamente a continuar con otro tema de tu lista... y luego, con otro. No hay prisa ni un orden específico; este es tu proceso personal de reconciliación. Sigue avanzando, paso a paso, reconociendo y honrando cada parte de tu historia y permitiendo que cada pequeña reconciliación te ayude a caminar más liviano.

### e) Crecer y empezar de nuevo

Después de haber recorrido el profundo camino de la reflexión, de reconocer tus emociones y de involucrarte en el valiente proceso de reconciliación, llega una etapa vital y verdaderamente especial: un renacer personal. No se trata de apretar un botón de reinicio ni de volver al punto de partida. Más bien, «crecer y empezar de nuevo» significa avanzar conscientemente desde un lugar renovado en tu interior, con mayor consciencia y un sentido más claro de intención. Se trata de aprovechar todas tus experiencias pasadas, no de borrarlas, para construir algo nuevo y vibrante.

Piensa en la jubilación no como la última página de un libro largo, sino como el paso emocionante hacia un capítulo completamente nuevo que está por escribirse. O, mejor aún, imagínala como un lienzo en blanco, ¡quizás para un dibujo totalmente nuevo y emocionante! Este nuevo comienzo ofrece una oportunidad increíble para hacer las cosas de manera diferente: para, por fin, reconectar con quien eres hoy, quizás una versión de ti que estuvo oculta o relegada por décadas de responsabilidades. Es tu oportunidad de reinventarte, dejando que te guíe únicamente lo que de verdad te impulsa desde dentro, y no lo que siempre se esperó de ti por presiones externas. Cada remordimiento que has procesado, cada emoción que te has atrevido a soltar, se transforma de ser una carga pesada a ser una semilla fértil, lista para brotar en algo nuevo y alimentar tu motivación hacia adelante. Esta liberación de energía emocional antigua crea un espacio increíble para nuevas pasiones y proyectos.

Y aquí hay una verdad liberadora: empezar de nuevo no tiene por qué significar lanzar proyectos enormes y abrumadores ni hacer cambios espectaculares de la noche a la mañana. A veces, el renacer más profundo simplemente significa probar algo maravillosamente nuevo, dando pasos pequeños, seguros, y sobre todo, cómodos para ti ahora. Puede tratarse de hacer espacio intencionalmente en tu vida para una rutina diaria más amable y flexible—una que se adapte a tus ritmos naturales.

Podría implicar abrazar una actividad diferente que te despierte alegría, cultivar un nuevo vínculo con una persona o con una comunidad, o por fin perseguir una pasión que te devuelva esa chispa interior que quizás sentiste apagarse con los años. Esta etapa consiste en encontrar belleza y plenitud en lo cotidiano y en dejar que tu yo auténtico guíe tus decisiones.

Ejercicio 1 - Tómate un momento tranquilo, sin interrupciones; busca un lugar sereno donde realmente puedas estar con tus pensamientos. Piensa en qué, hoy, en esta etapa única de tu vida, enciende aunque sea la chispa más pequeña de entusiasmo o curiosidad dentro de ti. No le des demasiadas vueltas; deja que lleguen las ideas. Pueden ser actividades nuevas que nunca has probado, aficiones que dejaste de lado hace tiempo, ideas fascinantes que siempre has tenido flotando en tu mente, o incluso formas diferentes de vivir tu día a día que te despierten interés. Haz una lista abierta y sin filtros en tu diario, cuaderno o aplicación personal. El objetivo aquí no es juzgar la practicidad ni la factibilidad por ahora. El propósito principal es identificar lo que, de verdad, sigue generando en ti ilusión, energía y sentido de vida. Este ejercicio honesto y amplio te ayuda a reconectar con esos deseos latentes o emergentes que pueden guiar con fuerza esta nueva etapa, incluso si empiezan como un susurro pequeño y emocionante. Pueden ser, realmente, cualquier actividad, idea, persona, espacio o estilo de vida (o alguna combinación de varios de estos) que despierte genuinamente tu curiosidad o tu deseo.

Ejercicio 2 - Ahora que has creado tu lista «Sueños en pausa», es momento de dar el siguiente paso, suave pero poderoso. Revisa tu lista y elige solo uno o dos elementos que hoy sigan encendiendo en ti más entusiasmo o curiosidad. Selecciona aquellos que se sientan más accesibles o emocionantes para probar ahora mismo. Luego, dedica un tiempo enfocado a investigar qué primeros pasos, pequeños y concretos, podrías dar esta semana para acercarte a ese sueño. Puede ser algo maravillosamente simple: buscar en internet clases para principiantes de cerámica, inscribirte en un seminario web introductorio y gratuito sobre una habilidad nueva, hablar con una amiga, un amigo o una persona conocida que ya lo esté haciendo, sacar de la biblioteca un libro cautivador sobre el tema, o regalarte una tarde para probar una pequeña parte por tu cuenta—por ejemplo, si sueñas con escribir, dedica una hora a escribir libremente; o si quieres pintar, compra materiales básicos y simplemente garabatea. Lo importante es que este primer paso sea realista, amable contigo (¡sin presión por la perfección!) y fácil de llevar a cabo. Este ejercicio no busca activar tu energía por obligación externa, sino ayudarte a empezar desde el entusiasmo genuino, convirtiendo un «algún día» en un «hoy». No esperes tener todo el plan listo; ¡esa es la belleza de esta etapa! Puedes empezar con el primer paso y dejar que lo demás se despliegue sobre la marcha, descubriendo tu camino a través de la acción gozosa. Así que comienza con el paso mínimo viable. Lo importante es poner tu energía en movimiento desde un lugar renovado y con propósito. Este nuevo comienzo no tiene que ser perfecto; solo tiene que ser realizado, y ser auténticamente tuyo.

## RESUMEN DEL CAPÍTULO:

Y aquí es donde todo lo anterior cobra sentido. Mirar atrás, reconocer lo que duele, pausar lo que ya no te sirve y reconectar con lo que te entusiasma no es una tarea para cerrar ciclos, sino para abrir otros nuevos. Porque la jubilación, lejos de ser una despedida, puede convertirse en tu versión más auténtica, libre y creativa de la vida. Así que hazlo a tu manera, a tu ritmo y con tus propias reglas. Con gratitud por lo que fue, y con entusiasmo y una emoción serena por todo lo que aún puede ser.

Este capítulo ha sido un viaje valiente al corazón de tus remordimientos, esas «espinas» que a veces nos impiden avanzar. Hemos comprendido que extrañar ciertos aspectos de la vida laboral o lamentar oportunidades perdidas es parte natural del proceso de transición, pero quedarse atascado en el «¿y si...?» es una elección. Al explorar el cambio de prioridades, has reconocido que el verdadero éxito en esta etapa no se mide por títulos ni logros externos, sino por la calidad de tu bienestar y la autenticidad de tu propósito.

Hemos reflexionado sobre cómo valorar las preferencias del pasado no es un acto de arrepentimiento, sino de reconocimiento. Cada decisión que tomaste, cada camino transitado, te ha traído hasta aquí, con una sabiduría y una experiencia únicas. Las oportunidades que parecían perdidas no son sentencias inamovibles; son sueños en pausa que la jubilación te permite y te invita a desempolvar y a darles nueva vida. Nunca es tarde para aprender, experimentar y atreverte a hacer aquello que alguna vez pareció imposible, o no apropiado.

Por último, este capítulo te ha ofrecido herramientas para reconciliar y aceptar; no para olvidar, sino para hacer las paces con tu historia y transformarla en un trampolín. Al permitirte crecer y empezar de nuevo desde un lugar de mayor consciencia, estás activando tu capacidad de reinvención. Cada remordimiento procesado se convierte en energía liberada, una semilla para un nuevo comienzo.

Vivir con alegría en la jubilación no es otra cosa que una invitación a reconciliarte con tu pasado y a construir intencionalmente tu futuro. No se trata de borrar quién fuiste y lo que fue, sino de integrar todas tus experiencias, la luz y la sombra, en una narrativa que te impulse hacia adelante. Este es tu momento para diseñar una vida donde la gratitud por lo vivido se entrelace con la ilusión por lo que está por venir.

Así que, con el corazón más ligero y la mirada puesta en nuevas posibilidades, te invito a llevar estos aprendizajes a tu vida cotidiana. La libertad de esta etapa no radica en la ausencia de compromisos, sino en la libertad de elegir tus propios compromisos, aquellos que resuenen con tu propósito y te llenen de alegría. Este capítulo te ha dado las claves para transformar el "lamento" en un motor de crecimiento. ¡Adelante!

Tu futuro te espera, y es tuyo para crearlo, sin remordimientos, con plena conciencia y con una alegría serena.

# CAPÍTULO 5

## R5- REFLEXIONAR SOBRE LO QUE VERDADERAMENTE IMPORTA - REDESCUBRIR TUS VALORES Y LO QUE HOY LE DA SENTIDO A TU VIDA

---

"Cuando tus valores están claros para ti, tomar decisiones se vuelve más sencillo."

ROY E. DISNEY

---

### *EL LABERINTO DE MIGUEL: REDESCUBRIR EL PROPÓSITO EN LA JUBILACIÓN*

*Miguel, tras 30 años como gerente de operaciones, enfrentó su jubilación con una ansiedad creciente. La falta de un rol definido, la disminución de las interacciones personales y, a pesar de contar con buenos ahorros, cierta inseguridad sobre su futura tranquilidad financiera, lo abrumaron emocionalmente. Se sentía avergonzado por ese malestar que no comprendía. Por sugerencia de su hija, Miguel buscó a un coach en transiciones de vida. El coach propuso un ejercicio*

*clave: identificar sus valores personales esenciales, visualizar el legado personal que deseaba dejar, y le sugirió buscar ayuda profesional de un asesor financiero para definir cómo sus finanzas podrían servir a ese nuevo propósito. Este proceso ayudó a Miguel a comprender que su valía trascendía su empleo y su vida profesional.*
*Con apoyo profesional, Miguel no solo pudo manejar su estrés emocional, sino que también aprendió a alinear sus nuevas rutinas con sus valores redescubiertos y a planear su futuro financiero con más confianza, y con un renovado sentido de propósito. El laberinto de la ansiedad se disipó, permitiéndole abrazar su jubilación con paz y un nuevo rumbo para su vida.*

## REDESCUBRIR LO ESENCIAL

La transición a la jubilación es más que un cambio en la rutina diaria; es una invitación a hacer una pausa, mirar hacia adentro y preguntarte con honestidad: "¿Qué es lo que realmente importa ahora?"

Durante muchos años, nuestra brújula estuvo guiada por metas profesionales, proyectos de trabajo y decisiones que tomábamos para cumplir objetivos que respondían a un rol, a una empresa o a un equipo. Ahora, esa brújula apunta hacia ti. **Y el primer paso para orientarla es redescubrir tus valores más profundos.** Lo que viene ya no tiene que ver con informes, entregables o jerarquías, sino con decisiones que impactan directamente en tu bienestar, tu tiempo, tu tranquilidad y tu calidad de vida, y la de quienes te rodean.

Este nuevo comienzo puede estar lleno de emociones mixtas: nostalgia por lo que dejas atrás, entusiasmo por lo que viene, y una introspección que muchas veces no has tenido espacio o tiempo para explorar. Es el momento ideal para reconectar con tus valores más profundos, revisar lo que le dio sentido a tu vida activa, y pensar cómo quieres que sea esta nueva etapa que está naciendo.

No se trata de hacer una lista de pendientes, sino de redescubrir lo que da valor a tu día, lo que te conecta con las demás personas, y lo que te hace sentir en paz contigo. Exploraremos juntos algunas ideas y ejercicios que te ayudarán a poner tu vida en contexto, reordenar tus prioridades y vivir tu jubilación con intención y autenticidad.

¿Listo/a para explorar lo que de verdad importa? Empecemos.

## a) Descubrir tus valores esenciales

La referencia a los valores esenciales quizás aparezca recién ahora en el capítulo cinco, pero la verdad es que tus valores personales han estado siempre contigo, influyendo, a veces sin que te dieras cuenta, muchas de las decisiones que tomaste en capítulos anteriores... y a lo largo de tu vida. Los valores son esas convicciones profundas que nos guían, que nos hacen sentir en paz cuando los seguimos y un poco desconectados cuando los ignoramos, ya sea voluntaria o involuntariamente. Incluso cuando no les prestamos atención directa, están ahí. Algunos ejemplos comunes de valores esenciales incluyen la honestidad, la gratitud, la creatividad, la espiritualidad, la compasión, la familia, la salud, la amistad, el aprendizaje, la justicia, la lealtad, la caridad, la generosidad, la perseverancia, el respeto, el humor y el servicio, por mencionar solo algunos que vienen a la mente. Aunque quizás nunca los hayas escrito en una lista formal, han sido una especie de brújula silenciosa. Y ahora es un buen momento para hacerlos visibles y darles el protagonismo que merecen. En la vida laboral, nuestros valores a menudo estaban sujetos a exigencias externas o tal vez algunos tuvieron que quedar en segundo plano; ahora, deben convertirse en el motor principal de tus decisiones y acciones.

Durante la vida laboral, nuestros valores a menudo se subordinaron a metas externas, exigencias del entorno o necesidades prácticas. Pero en esta nueva etapa, tus valores personales pueden y deben ocupar el centro. Ahora tú defines las reglas del juego. Este es el momento de reconocer, articular y honrar aquello que verdaderamente te mueve desde dentro.

Conocer tus valores esenciales no solo te ayudará a tomar mejores decisiones, sino que también te dará una brújula interna para construir una jubilación con propósito, autenticidad y coherencia. Muchos de estos valores no nacieron de la nada; nos fueron inculcados desde la infancia, ya sea en nuestra familia, en la formación religiosa, en el ámbito escolar, o en actividades como pertenecer a un equipo deportivo (como yo que jugué al futbol toda mi vida), a una asociación civil (como en mi caso lo fue el Movimiento Scout), o a cualquier otro grupo que moldeó positivamente nuestra manera de ver la vida. Estos valores han estado presentes en el camino, influyendo silenciosamente en nuestras elecciones y reacciones. Ahora es el momento de hacerlos visibles, de ponerlos en una hoja de ruta que sirva de guía para lo que viene. Porque, aunque ya no respondemos ante un jefe o una organización, seguimos respondiendo ante nosotros mismos y ante quienes amamos.

Ejercicio 1 - Crea una lista que se titule "Mis valores esenciales". Para ayudarte, tómate unos minutos para recordar momentos de tu vida en los que te sentiste particularmente orgulloso o en armonía. ¿Qué estabas haciendo en ese momento? ¿Quiénes estaban a tu alrededor? ¿Qué actitudes, decisiones o situaciones te hicieron sentir tan bien? A partir de esas experiencias, identifica los valores que estuvieron presentes: por ejemplo, lealtad, honestidad, solidaridad, libertad, familia, servicio, curiosidad, gratitud, entre otros. Este ejercicio te ayudará a traer al presente lo que ya ha sido significativo en tu vida para que ahora puedas priorizarlo, conscientemente. Anótalo, sin filtros, en tu cuaderno o en tu aplicación personal.

Ejercicio 2 - Una vez que tengas tu lista, subraya o marca los tres o cuatro valores que más resuenen contigo hoy (o pídele a tu aplicación personal que lo haga). No te guíes solo por lo que (según los convencionalismos sociales) "deberías" valorar, sino por lo que de verdad sientes que te representa en esta etapa actual de tu vida. Luego, haz un pequeño plan de acción: ¿cómo podrías honrar estos valores en tu actividad cotidiana? Por ejemplo, si uno de ellos es el crecimiento personal, podrías retomar el hábito de leer, inscribirte en una charla o aprender algo nuevo. Si es el disfrute, podrías incorporar más tiempo de ocio consciente en tu rutina. Si usas una ayuda electrónica (una aplicación), el objetivo es que la app te ayude a visualizar patrones, pero la reflexión profunda y el autodescubrimiento siguen siendo tuyos.

Si uno de los valores que identificas es, por ejemplo, la "familia", quizás pienses que enfocarte en ti parece un acto egoísta. Pero en realidad, cuidarte también es una forma de cuidar a quienes amas. Priorizar tu bienestar emocional y físico te permite estar más presente, más disponible y con una mejor actitud para compartir con tus seres queridos. Incluso puedes integrar ese valor en tus decisiones personales: quizás compartir una actividad recreativa con tus nietos, planear una salida especial con tu pareja, o simplemente permitirte descansar sin culpa, sabiendo que esto también impacta positivamente en tu entorno familiar.

Estas reflexiones te permitirán comenzar a tomar decisiones que están alineadas con lo que te sostiene desde dentro. Piensa: ¿cómo podrías incorporar estos valores en tu vida diaria ahora que estás en esta nueva etapa? Tal vez a través de actividades, decisiones o espacios que los alimenten. Por ejemplo, si uno de tus valores es el "aprendizaje", podrías inscribirte en un taller sobre un tema que te interese. Si hay "conexión", entonces podrías dedicar tiempo a fortalecer los vínculos. Este ejercicio es una forma concreta de alinear tu vida con lo que más sentido te da.

## b) Hacer una pausa y reflexionar

Antes de tomar grandes decisiones sobre esta nueva etapa de tu vida, es esencial hacer algo que probablemente has pospuesto durante años en tu vida personal: hacer una pausa y escucharte con calma.

El ritmo del mundo laboral, con su urgencia y su estructura, a menudo nos lleva a vivir en piloto automático. Y cuando ese ritmo desaparece, puede dejar un vacío o, al menos, una sensación extraña de no saber por dónde empezar. Por eso darte unos momentos para simplemente sentarte contigo, sin expectativas, sin planes, es una forma poderosa de reconectar con tu brújula interior.

Reflexionar no es quedarse anclado en el pasado, ni obligarte a tener todas las respuestas. Es, simplemente, darte permiso para sentir, observar lo que aparece y escuchar aquello que llevas posponiendo desde hace años. Las emociones, tanto de pérdida como de entusiasmo, son una parte natural de este proceso. Reconocerlas es el primer paso para ordenar tu presente y proyectar tu futuro con más claridad. Esto puede llevar días, o semanas. Es perfectamente válido. No caigas en la tentación de "resolverlo todo, y resolverlo pronto". Es demasiado importante para hacerlo con prisas.

Ejercicio 1 - Dedica 15 minutos al inicio del día, durante un par de semanas, para estar contigo en silencio. Elige un lugar cómodo y tranquilo: puede ser con tu café, en tu sillón favorito, o incluso en la cama justo después de despertar. Respira profundo y observa lo que aparece en tu mente y en tu cuerpo sin intentar controlar nada. Este ejercicio no consiste en pensar "en positivo" ni en resolver nada; se trata simplemente de darte permiso para escuchar lo que está vivo en ti en este momento de tu vida. Esto te ayudará a poner en palabras lo que a menudo queda en un segundo plano.

Ejercicio 2 - Al final de la semana, relee lo que escribiste durante esos días de reflexión. Si estás usando una app para tus notas, pídele que elabore un resumen de los temas comunes y tendencias en tus pensamientos. No lo hagas con mirada crítica, sino con curiosidad.

¿Qué temas se repiten? ¿Qué emociones aparecen con más frecuencia? ¿Hubo algo que te sorprendiera? Subraya o resalta aquello que sientas que tiene peso o te habla de una manera especial. Este paso no es para sacar conclusiones definitivas, sino para empezar a reconocer los hilos invisibles que conectan tu presente emocional con lo que realmente te importa hoy. Así podrás comenzar a tomar decisiones con mayor conciencia y sentido.

### c) Celebrar tu legado

A lo largo de tu vida profesional, construiste mucho más que un currículum o un historial laboral: creaste relaciones, superaste desafíos, resolviste problemas y, sobre todo, sembraste semillas que muchas veces ni siquiera sabías que estaban germinando. Aunque a veces pueda ser difícil reconocerlo, lo que hiciste, con aciertos, errores, aprendizajes y logros, constituye un legado único que merece ser valorado y celebrado.

Celebrar tu legado no es presumir de lo que lograste, sino mirarlo con gratitud, humildad y perspectiva. Significa reconocer el esfuerzo, la dedicación, el compromiso y las contribuciones pequeñas o grandes que hiciste en cada etapa. Aunque tu carrera no haya sido perfecta (¿y la de quién lo es? ), sin duda dejó huellas valiosas: en tu empresa y sus clientes, en tu equipo, en tus colegas, en tu familia y en ti mismo/a.

Este es el momento de permitirte mirar hacia atrás con orgullo y amabilidad, sin el filtro de la autocrítica ni la urgencia de corregir nada. No te niegues la oportunidad de reconocer con orgullo y sin falsa modestia: "sí, esa persona fui yo", y de reconocer el valor de haber estado presente, de haber dado lo mejor de ti y de haber sido parte activa de un recorrido profesional.

Pero celebrar tu legado no es solo mirar al pasado; también puede ser una fuente de inspiración para el presente y el futuro. La satisfacción y el orgullo que sientes al mirar atrás pueden ayudarte a identificar nuevas formas de seguir contribuyendo, explorar actividades que te motiven, compartir lo que has aprendido o emprender proyectos personales con un propósito renovado. Tu historia no ha terminado; solo ha cambiado de forma y de lugar. Y aún tienes mucho que ofrecer desde un lugar más libre y más auténtico. Porque tu historia tiene valor, no por ser grandiosa, sino por ser única y auténtica.

Ejercicio 1 - Dedica un tiempo tranquilo para dibujar o escribir una línea de tiempo que represente tu recorrido profesional. Empieza con tu primer trabajo formal y avanza hasta el último. Marca los momentos más importantes: cambios laborales, desafíos superados, etapas difíciles, logros de los que te sientes más orgulloso/a, y también los errores de los que aprendiste algo. No necesitas ser exhaustivo ni cronológicamente perfecto. Este ejercicio busca que visualices tu recorrido completo, reconociendo todo lo que has vivido y crecido en el camino. Ver tu historia "dibujada" puede darte una nueva perspectiva de todo lo que has logrado y lo que significó para ti y para otras personas. Marca los hitos importantes: cambios de trabajo, proyectos desafiantes, logros de los que te sientas orgulloso/a, momentos en que aprendiste algo clave, y también los errores que te enseñaron algo. No tiene que estar completo ni ser perfecto. Solo busca darle una estructura visual a tu recorrido.

Ejercicio 2 - Revisa tu línea de tiempo y elige tres o cuatro momentos que destaquen por lo significativos que fueron. Luego, escribe una breve reflexión sobre cada uno: ¿qué ocurrió? ¿Cómo te sentiste? ¿Qué aprendiste? ¿Cómo te impactó? ¿Qué te gustaría conservar de esa experiencia para aplicarlo en esta nueva etapa? Este ejercicio te ayudará a identificar aprendizajes clave y a reconocer fortalezas personales que quizás pasaste por alto o las consideras tan "naturales" que no las aprecias. Si lo deseas, puedes compartir estas reflexiones con alguien cercano, grabarlas como audio o convertirlas en el inicio de un blog, un diario personal o incluso un proyecto íntimo y personal de memoria. Lo importante es darle un lugar a tu historia y reconocer que sigue teniendo valor, incluso en esta nueva etapa.

### d) Abrirte a nuevos horizontes

Una vez que has reconocido tus valores, hecho espacio para el descanso y la reflexión, y evaluado tu legado, es natural preguntarte: "¿y ahora qué?" Ya hemos dicho que esta etapa de jubilación, lejos de ser un cierre definitivo, es una oportunidad para abrir puertas y descubrir nuevos caminos que quizás nunca te permitiste explorar o para los que no habías tenido tiempo de atreverte.

Abrirte a nuevos horizontes no significa empezar desde cero ni convertirte en alguien completamente diferente. Significa mirar hacia adelante con interés y curiosidad, preguntarte qué más puedes experimentar, disfrutar o aportar desde quién eres hoy. Tal vez durante años has tenido sueños en pausa: aprender algo nuevo, escribir tus memorias, emprender un proyecto personal, retomar una pasión creativa o, simplemente, vivir con más ligereza y espontaneidad.

Este momento es perfecto para imaginar nuevas formas de sentirte vivo/a. Y no importa si el proyecto es pequeño o ambicioso, si lo haces solo/a o acompañado/a, o si tiene impacto público o es una celebración íntima. Lo importante es que te motive, te entusiasme y te despierte. En otras palabras: que te de un propósito.

La jubilación no es el punto final de un libro, sino el paso hacia un nuevo capítulo aún por escribir. Una página en blanco (y, por qué no, un libro) que está lista para llenarse de nuevas historias. Es una oportunidad para hacer cosas diferentes, para reconectar con quién eres hoy y para reinventarte a partir de lo que te motiva, no desde lo que se espera de ti. Cada arrepentimiento que has procesado, cada emoción que has soltado puede transformarse en una semilla para algo nuevo y en una motivación.

Es precisamente en esos espacios de novedad e incomodidad donde a menudo descubrimos partes de nosotros/as que estaban dormidas o subestimadas. Salir de tu zona de confort no es fácil, pero ahí comienza la verdadera exploración personal. Probar cosas nuevas, atreverte a experimentar y dar un paso hacia lo desconocido puede ser transfor- mador. Y si sale bien, genial; habrás encontrado una nueva fuente de entusiasmo. Pero si algo no resulta como esperabas, o descubres que ese camino no era para ti, simplemente puedes dejarlo a un lado y seguir explorando. En esta etapa de la vida, todo intento cuenta, y cada experiencia, buena o no tan buena, te enseña algo más sobre ti. Lo importante no es acertar en todas las decisiones, sino seguir en movimiento, con curiosidad y apertura a lo que venga.

Esta etapa de la vida no es solo para mirar el pasado con gratitud, sino también para imaginar y construir el futuro con intención, a tu manera, a tu ritmo, con propósito y alegría.

Ejercicio 1 - Imagina que estás armando un menú de degustación para tu nueva etapa de vida. No se trata de comprometerte con nada todavía, sino de probar sabores, texturas e ideas. Crea una hoja o sección en tu cuaderno llamada **"Muestras para probar"**. Allí, en lugar de hacer una lista formal, dibuja o escribe palabras sueltas, ideas, imágenes, frases inspiradoras y cosas que te intrigan o que recientemente han llamado tu atención. Es como pasear por un mercado con los sentidos abiertos: anota lo que te llame sin preguntarte si es lógico o útil. Este ejercicio busca estimular tu curiosidad y recordarte que estás en un territorio en el que experimentar es parte del camino, no la excepción. Incluye cualquier actividad, proyecto o experiencia que despierte tu interés, por más algo sencillo. Podría ser algo que hayas dejado pendiente durante años o algo que nunca habías pensado. No filtres ni te limites; este ejercicio es para explorar libremente. Mientras escribes, pregúntate: ¿Esto me emociona, despierta mi curiosidad o me hace sentir útil o realizado?

Ejercicio 2 - De ese menú de degustación, elige solo una muestra: algo que te intrigue y parezca accesible. Pero en lugar de pensar en grandes pasos, diseña un **"experimento personal de bajo riesgo"** para ti. Por ejemplo, si la fotografía siempre te ha interesado, dedica una tarde a salir con tu teléfono (o cámara si la tienes) y capturar imágenes que te llamen la atención. Si te interesa escribir, graba una nota de voz contando una anécdota que luego puedas transcribir y revisar. Si te interesa la cocina, prueba una receta nueva un día a la semana. No se trata de hacerlo perfecto ni de comprometerte con nada todavía; solo inténtalo. Ponlo en práctica durante unos días o una semana. Observa cómo te sientes al hacerlo, sin necesidad de evaluar el resultado. Luego, elige otra muestra diferente de tu menú y repite el proceso. La idea es darte la oportunidad de explorar distintas posibilidades sin presión. Repite este ejercicio dos o tres veces.

Después de tres o cuatro semanas, revisa tus experiencias y pregúntate: ¿Me sentí con energía? ¿Me entusiasmó? ¿Me reí? ¿Fue incómodo pero interesante? Este paso es para explorar, sin expectativas ni objetivos definidos, y con la libertad de ajustar tu rumbo a medida que descubres cosas, como un ensayo general de algo que tal vez quieras hacer más a menudo. Luego, diseña un "primer paso" muy concreto para acercarte a ello: podría ser investigar más sobre el tema, hablar con alguien que ya lo haya hecho, inscribirte en una clase o simplemente dedicar una hora de tu semana a intentarlo. Este paso no te compromete a largo plazo, pero sí activa tu energía. Y recuerda: si funciona, ¡genial! Y si no, cambia de rumbo. La libertad de esta etapa es precisamente poder ajustar sobre la marcha sin presión.

### e) Cultivar relaciones significativas

La jubilación puede marcar el fin de una etapa profesional, pero no tiene por qué significar aislamiento social o emocional. Por el contrario, es una invitación a mantener vínculos valiosos vigentes, reconectar con viejas amistades y excolegas, y crear otros nuevos desde un lugar de mayor libertad y autenticidad.

Durante años, es posible que muchas de tus relaciones hayan estado determinadas por tu entorno laboral. Compañeros de trabajo, clientes, colegas de otras empresas, jefes y subordinados: una buena parte de tu vida social estaba anclada a tu rutina profesional. Con la jubilación, esa estructura se disuelve y, con frecuencia, también surge un sentimiento de vacío relacional que puede pasar desapercibido, pero influye en tu bienestar.

Por eso, esta etapa es ideal para nutrir, fortalecer y redefinir tus vínculos. No se trata de llenar tu agenda de compromisos, sino de construir relaciones que te nutran y te hagan sentir visto, escuchado y valorado. Puede ser el momento perfecto para reconectar con amigos de la infancia o de la universidad, para acercarte a familiares con quienes perdiste contacto, o para abrirte a nuevos círculos a través de actividades, voluntariado, clubes o talleres que te interesen.

No subestimes el poder de una buena conversación, un café compartido sin prisas o un paseo juntos. En esta nueva etapa, las relaciones ya no se basan en intereses laborales compartidos, sino en afinidades genuinas, valores comunes y el placer de estar con alguien sin necesidad de "hacer algo útil".

También es válido reconocer que algunas relaciones pueden haberse desgastado o perdido sentido. Cultivar vínculos no se trata de obligarte a mantenerlos todos, sino de priorizar aquellos que te hacen bien y hacer espacio para nuevas conexiones. Porque, al final, lo que más recordamos no son las metas logradas, sino las personas con quienes compartimos el camino.

Ejercicio 1 - Crea una hoja o sección en tu cuaderno o app titulada **"Mis conexiones significativas"**. Comienza recordando a todas las personas que han impactado tu vida, tanto del presente como del pasado: pueden ser amigos de toda la vida, docentes o mentores que hayas tenido, jefes y compañeros de trabajo con quienes compartiste algo más que tareas, familiares con quienes perdiste contacto o incluso personas con quienes tuviste vínculos breves pero valiosos. Escribe sus nombres y una o dos palabras o frases que expliquen por qué crees que impactaron tu vida. Junto a cada uno, escribe cuándo fue la última vez que hablaron o compartieron algo. Este ejercicio te ayudará a visualizar las relaciones que han sido importantes para ti y que podrían mantenerse, fortalecerse o retomarse.

Ejercicio 2 - Elige tres nombres de esa lista. Luego, piensa en una acción concreta y sencilla para reconectar: enviar un mensaje, hacer una llamada, coordinar una salida o escribir una nota sincera. No se trata de retomar todas las relaciones a la vez, sino de dar pasos pequeños pero significativos. El objetivo es revitalizar tu red emocional desde un interés genuino, sin esperar nada a cambio más que el placer de reconectar.

Hoy, más que nunca, con la tecnología y las redes sociales al alcance de la mano, no hay excusas para no buscar y reconectar con amistades y familia, incluso con quienes no ves desde hace años o que viven lejos. Una búsqueda en internet, un mensaje rápido o una videollamada pueden abrir la puerta a reencuentros que te llenen el corazón. Después de todo, a menudo una conversación pendiente puede ser el comienzo de una nueva etapa en una relación valiosa. Si bien la tecnología facilita el contacto, recuerda que la calidad del vínculo es lo que realmente nutre el alma.

Después de hacer contacto, tómate unos minutos para escribir cómo te sentiste con ese reencuentro: ¿te sorprendió? ¿Te dio alegría? ¿Revivió una parte entrañable de ti? Estas pequeñas acciones pueden tener un gran impacto en tu bienestar emocional y darte un renovado sentido de conexión y pertenencia.

*EXPERIENCIA PERSONAL:*

*Convencido de que una parte vital de la recarga emocional en la jubilación es reconectar con las personas que marcaron nuestra vida, al dejar el mundo corporativo y hacer una pausa, me di cuenta de que, en medio de la vorágine de mi carrera de más de 35 años en Estados Unidos, había descuidado el contacto con viejos amigos de la escuela y con colegas de mis primeros trabajos en México. Eran personas con las que había compartido una parte muy significativa de mi historia. Así que me propuse plan: hice una lista de nombres —amigos como Pablo (mi primer socio, y mentor de trabajo técnico), Jesús, René, y Arturo (amigos entrañables de la escuela) entre otros y mis compañeros de equipo cuando jugaba al futbol soccer en el Tecnológico de Chihuahua— y, con intención, empecé a contactarlos. Junto con mi esposa, viajamos de regreso a nuestra ciudad natal en México, e incluso a El Paso, Texas, para vernos. Fueron una serie de reencuentros que no solo nos trajo alegría, sino que reavivó vínculos habían quedado suspendidos en el tiempo. A partir de ahí, con ayuda de las redes sociales, hemos mantenido esa conexión con llamadas y mensajes frecuentes, atentos de nuestras vidas, nuestra salud, nuestros planes, etc., y celebrando los logros propios, y de nuestros hijos y nietos, manteniéndonos involucrados en nuestros quehaceres, lo que me ha recordado y reforzado el valor duradero de esas amistades genuinas.*

## f) Tranquilidad financiera

Uno de los pilares más importantes para vivir una jubilación plena y con propósito es contar con una base de seguridad financiera. Como bien sugiere Roger Whitney en su libro *Rock Retirement*, planificar esta etapa no se trata simplemente de acumular dinero, sino de tener claridad sobre cómo quieres vivir y asegurarte de que tus decisiones financieras estén alineadas con ese estilo de vida. La jubilación no es una fórmula matemática; es una experiencia personal que requiere estrategia, agilidad, flexibilidad y autoconocimiento.

La tranquilidad económica en esta etapa no proviene necesariamente de tener grandes sumas ahorradas, sino de comprender tus necesidades reales, gestionar lo que tienes con inteligencia y saber adaptarte a los cambios sin perder el rumbo. Whitney insiste en que lo esencial es diseñar una vida con propósito y luego construir un plan financiero que la haga posible, y no al revés.

Tener serenidad financiera significa saber que tus necesidades básicas están cubiertas y que además puedes permitirte algunos gustos sin sentir culpa. Significa comprender tus ingresos, tus gastos, tus prioridades y tus límites para tomar decisiones con conciencia y tranquilidad. Esta serenidad se construye poco a poco y, si lo necesitas, buscar orientación profesional es señal de madurez y previsión, no de debilidad. Incluso si tu vida profesional ha estado dedicada a aspectos financieros, contar con la visión y ayuda de una persona experta en planificación financiera para la jubilación, de forma imparcial, objetiva y crítica, es importante.

Ejercicio 1 - Diseña un plan financiero personal basado en la lógica de la **"ecuación del flujo de caja"**, como propone Roger Whitney. El objetivo no es tanto listar cifras sino el poder entender cómo fluye tu dinero mes a mes y tomar decisiones conscientes sobre cómo asignarlo. Para ello, crea una hoja con tres secciones:

- **Flujo de ingresos:** Detalla todas las fuentes de ingresos actuales y futuras con las que puedes contar de manera realista. Incluye pensiones, alquileres, inversiones, ahorros programados, trabajos ocasionales, etc. Procura estimar su frecuencia (mensual, anual, puntual) y la seguridad de que se sigan cumpliendo en el futuro.
  - **Estructura de gastos:** Organiza tus gastos en tres niveles: **Gastos esenciales:** gastos fijos y necesarios para subsistir como vivienda, salud, alimentación y transporte.
  - **Gastos de estilo de vida:** gastos que mejoran tu calidad de vida, como entretenimiento, viajes, pasatiempos, salir a comer, etc.
  - **Gastos para lograr deseos aspiracionales:** cosas que te gustaría hacer si los recursos lo permiten, como remodelaciones, apoyar a otras personas, viajes exóticos, o compras especiales. Esta clasificación te ayuda a ajustar tu plan en función de tu flujo disponible, sin tener que sacrificar lo importante. Es crucial ser realista y honesto al identificar todos tus gastos, incluso los más pequeños, para tener una visión financiera clara.

- **Metas financieras:** define metas claras, alcanzables y personales. Esto puede ser mantener un fondo de emergencia, ahorrar para un gran viaje, invertir en educación continua o simplemente vivir con comodidad y sin deudas. Estas metas deberían tener fechas tentativas y montos aproximados, y ser lo suficientemente flexibles como para adaptarse a los cambios de la vida. Este ejercicio no busca la perfección, sino darte claridad. Cuando tienes una visión realista de cómo se mueve tu dinero, puedes ajustar expectativas, identificar oportunidades, reducir riesgos y tomar decisiones que estén alineadas con lo que realmente quieres vivir en esta etapa.

Ejercicio 2 - Independientemente de tus recursos económicos, programa una cita con un asesor financiero. Busca a alguien con experiencia en planificación de la jubilación, a diferencia de un asesor financiero especialista para la etapa "de acumulación" que recién termina. No se trata solo de grandes inversiones; un buen asesor puede ayudarte a ajustar tu presupuesto sea cual sea, anticipar gastos de salud, decidir sobre seguros y diseñar un flujo de caja sostenible en el tiempo. Antes de la cita, repasa tu esquema financiero y anota todas las dudas, inquietudes o decisiones pendientes que te generen incertidumbre. Hoy existen diferentes tipos de asesores que se adaptan a diversas necesidades y presupuestos: Asesores independientes certificados, especializados en planificación de la jubilación.

Existen firmas financieras que ofrecen asesoría gratuita a clientes activos o a quienes están en transición hacia la jubilación. Estas asesoria pueden variar de acuerdo con el tamaño de los bienes que ellos te administren. También puedes considerar servicios de planificación financiera en pequeñas empresas o cooperativas, que a menudo suelen ser más accesibles y personalizados. Investiga acerca de programas de asesoría pro-bono (sin cargo) disponibles a través de organizaciones comunitarias, organismos no gubernamentales (ONG) o asociaciones que apoyan a las personas mayores con recursos más limitados. Elige el perfil que mejor se adecue a tu situación y asegúrate de que sea alguien con quien te sientas cómodo/a para hablar con transparencia. El objetivo de esta reunión no es solo validar tu plan actual, sino encontrar maneras de fortalecerlo, ajustarlo o hacerlo más eficiente. Más allá de los números, esta conversación puede brindarte claridad, tranquilidad y una mayor sensación de control para disfrutar tu jubilación con confianza.

Independientemente de recurso elijas, es importante buscar esa asesoria con alguien que conozca del tema, preferentemente con una certificación, y pueda aconsejarte adecuadamente. En la medida de lo posible (y deberías hacer un esfuerzo para lograrlo), evita entrar al retiro sin un plan financiero, y no bases ese plan solo siguiendo los consejos (si bien con buena intención) de amigos, familiares, y otras personas que pudieran guiarte por caminos poco efectivos en el largo plazo.

### g) Buscar asesoramiento y apoyo emocional

La transición a esta nueva etapa de vida autogestionada, aunque llena de posibilidades, también puede venir cargada de emociones complejas: ansiedad, incertidumbre, una sensación de pérdida o, simplemente, desorientación ante una vida menos estructurada. Si en algún momento sientes que el peso emocional de este cambio es demasiado, recuerda esto: no tienes que atravesarlo en soledad.

Buscar orientación o apoyo emocional no es señal de debilidad, sino de fortaleza y honestidad. Reconocer que necesitas ayuda es un paso valiente y sabio. No tiene que ser un psicólogo; a veces, basta con una conversación sincera con una amistad cercana, un familiar de confianza, o un líder espiritual. Es importante elegir a alguien que sepa escuchar y que ofrezca apoyo sin juicios. En otros casos, puede ser útil hablar con una terapeuta o un terapeuta, con un coach especializado en transiciones de vida, o participar en un grupo de apoyo con personas que están atravesando procesos similares.

Existen talleres, círculos de diálogo y espacios comunitarios diseñados para apoyar a quienes están transitando hacia la jubilación. Algunos se enfocan en el aspecto emocional, otros en reconstruir el propósito o la identidad, y otros simplemente ofrecen un espacio seguro para compartir lo que se siente sin juicios.

*Un buen ejemplo de esto puede ser Troy Aikman, mariscal de campo de los Dallas Cowboys de la Liga Nacional de Football Americano ( NFL), quien se "jubiló" del fútbol americano profesional a los 34 años, en la cúspide de su carrera, tras ganar tres Super Bowls. Su vida estaba definida por la disciplina, la fama y el objetivo de la victoria. Si bien el solo tenía 34 años de edad, esa suele ser una edad adecuada para que mariscales de campo de la NFL se jubilen.*

*Aikman confesó haber experimentado un profundo vacío, un sentimiento de pérdida de identidad y la ausencia de la adrenalina que lo definía. La repentina falta de estructura y estatus se convirtieron en una fuente de confusión sobre su valor personal.*

*Cuando admitió encontrarse en esa situación, buscó asesoramiento para su transición profesional. Se apoyó en mentores de la industria de los medios y en ejecutivos de televisión que le enseñaron a transferir sus habilidades (análisis rápido, calma bajo presión) a un nuevo campo. Recibió coaching formal para aprender el rol de comentarista deportivo.*

*Gracias a esta ayuda externa y profesional, Aikman se reinventó con éxito como el principal comentarista deportivo de fútbol ameri-*

*cano para FOX, un rol que ha mantenido por más de dos décadas. Demostró cómo, a pesar de haber sido un líder proactivo y muy autosuficiente, necesitaba de la asesoría que recibió en la transición fue fundamental para pasar de la confusión a un propósito estable y lucrativo en su "segundo acto".*

Ejercicio 1 - Tómate un tiempo para explorar opciones que puedan ofrecerte apoyo emocional en esta etapa. Esto puede incluir amistades cercanas o familiares en quienes confíes por su madurez, objetividad y sinceridad al opinar, así como terapeutas especializados en transiciones de vida, grupos de apoyo o talleres centrados en la jubilación. Considera también espacios comunitarios o plataformas en línea que ofrezcan sesiones grupales. Investigar al menos tres opciones te permitirá comparar enfoques, accesibilidad y tipos de apoyo. No te dé pena hacer preguntas y profundizar en tu investigación sobre cada una de ellas. El objetivo no es que elijas de inmediato, sino descubrir qué tipo de apoyo podría ayudarte a sentirte más acompañado/a y comprendido/a en este proceso de cambio.

Ejercicio 2 - Elige una de las opciones que investigaste y comprométete a participar en una primera experiencia, ya sea individual o grupal. Puede ser una charla abierta, una reunión de apoyo o una sesión con un/a terapeuta o coach. Antes de asistir, anota qué esperas encontrar o resolver. Después, escribe una reflexión sincera sobre cómo te sentiste: ¿Hubo algo que te resonara? ¿Te sentiste escuchado/a o incómodo/a? ¿Hubo alivio, claridad o resistencia? Esta evaluación te ayudará a decidir si quieres continuar, probar otra alternativa, o simplemente darte las gracias por haber dado el primer paso. A veces, lo más valioso es reconocer que no se tiene que enfrentar todo en soledad.

Esta exploración no tiene que ser definitiva ni perfecta; es solo una puerta más que puedes abrir para cuidarte en este proceso.

## h) El poder de la gratitud

A medida que avances en esta nueva etapa de la vida, descubrirás que uno de los hábitos más poderosos y revitalizantes que puedes cultivar es la gratitud. Lejos de ser solo un gesto simbólico o una moda pasajera, la gratitud es una herramienta práctica y profunda para reenfocar la mente, mejorar tu bienestar emocional y fortalecer tu capacidad de adaptación al cambio.

En la vida activa, a menudo pasamos por alto todo lo que sí funciona a nuestro alrededor, todo lo que sí tenemos y todo lo que nos hace bien. Pero ahora, en la jubilación, el ritmo se desacelera, la perspectiva se amplía y la gratitud puede pasar de ser un concepto abstracto a una práctica cotidiana que enriquece cada día. Celebrar libertades recién adquiridas, momentos sencillos que cobran un nuevo significado, oportunidades inesperadas o personas que siguen presentes en tu vida puede convertirse en una fuente diaria de energía emocional.

Además, los estudios han mostrado que las personas que practican la gratitud con regularidad experimentan mayores niveles de satisfacción, menos síntomas de depresión y un mayor sentido de conexión con su entorno. Por ejemplo, las investigaciones del Dr. Robert Emmons, profesor de Psicología en la Universidad de California, Davis, y uno de los principales expertos en el estudio de la gratitud, han demostrado que quienes mantienen una práctica diaria de agradecimiento reportan un aumento sostenido del bienestar emocional, mayor optimismo y mejoras en su salud física y en la calidad del sueño, como se detalla en su obra >>¡La gratitud funciona! Un programa de 21 días para crear prosperidad emocional<<. En esta etapa, en la que el equilibrio emocional es clave, desarrollar este hábito puede ayudarte a cultivar una actitud más serena, optimista y resiliente. Descubrirás que uno de los hábitos más transformadores que puedes cultivar es la gratitud—no como una idea romántica ni un simple gesto de cortesía, sino como una práctica consciente que te permite reconectar con lo que ya tienes, valorar lo cotidiano y mantener una mirada positiva incluso en medio del cambio.

Ejercicio 1 - Inicia un diario de gratitud usando una libreta personal o una app digital que te resulte cómoda y accesible. Dedica unos minutos cada noche, idealmente antes de dormir, para anotar tres cosas específicas por las que te sientas agradecido/a ese día. No tienen que ser grandes logros ni eventos especiales; pueden ser cosas sencillas como haber tenido una charla agradable, disfrutar de una comida casera o simplemente haberte sentido en calma. Al registrar cada motivo de gratitud, incluye una breve nota sobre por qué es significativo. Este ejercicio te ayuda a enfocar tu atención en lo positivo, reducir los pensamientos negativos repetitivos y terminar el día con una sensación de bienestar y una perspectiva clara.

Ejercicio 2 - Al final de cada mes, dedica una sesión de reflexión para revisar lo que has escrito en tu diario o en tu aplicación electrónica preferida. En tu libreta, usa marcadores o notas para identificar los temas que se repiten con mayor frecuencia. En tu app personal, pídele que genere un informe de reflexión y tendencias: ¿Qué cosas son una fuente constante de gratitud? ¿Qué situaciones o personas aparecen con frecuencia? ¿Hay algo que antes pasaba desapercibido y que ahora valoras más? Luego, anota tus observaciones generales en una sección aparte de tu libreta o en una nota digital: ¿Ha cambiado tu manera de ver los días? ¿Te sientes más consciente de las cosas buenas que suceden en tu vida? Esta revisión no solo refuerza el hábito, sino que también te permite hacer ajustes conscientes en tu rutina para seguir cultivando una actitud positiva y agradecida. Recuerda que la app es una herramienta, pero la reflexión personal es lo que verdaderamente genera cambio y autoconocimiento.

## RESUMEN DEL CAPÍTULO:

Como has visto, construir una vida con propósito tras dejar el trabajo a tiempo completo no es solo cuestión de reorganizar horarios o de llenar el tiempo libre; es una oportunidad profunda para reconectar contigo y decidir, con intención, cómo quieres vivir esta nueva etapa. Has trabajado duro durante muchos años; has dado lo mejor de ti a tu empresa(s), a tu familia, a tus responsabilidades y a tus comunidades. Ahora, te toca cuidar de ti mismo con esa misma dedicación.

Cada una de estas áreas—recordar y redefinir tus valores personales, crear y sentir tranquilidad financiera, la guía y el acompañamiento emocional, las relaciones, la gratitud—forma parte de una red que sostiene tu bienestar y tu sentido de propósito. Ninguna se resuelve de la noche a la mañana, y algunas ni siquiera necesitan "resolverse". Más bien, se construyen y se entretejen poco a poco, con atención, humildad, curiosidad y, sobre todo, con intención y paciencia.

No importa en qué punto te encuentres hoy en tu etapa posterior al trabajo. Si apenas estás iniciando este camino o si llevas ya un tiempo en él, lo importante es que ahora cuentas con herramientas para reflexionar, explorar y tomar decisiones con mayor claridad. No hay una única manera de vivir la jubilación, pero sí hay formas más conscientes y plenas, alineadas con lo que de verdad importa.

Este capítulo te invita a poner tu vida en contexto, a ver el mapa completo y a dar pasos desde la verdad de quién eres hoy. Porque cuando alineas tus decisiones con tus valores, tus emociones y tus prioridades, la jubilación deja de ser un final y se transforma en una nueva manera de seguir avanzando con alegría por las siguientes etapas de la vida.

# CAPÍTULO 6

## R6- RECARGAR ENERGÍAS Y EXPLORAR NUEVAS PASIONES

> "Si hay algo que te apasiona y te hace vibrar, no dudes en abrazarlo; ahí está tu energía vital."
>
> CARL GUSTAV JUNG

### RECARGA TU ENERGÍA Y REDESCUBRE TUS PASIONES

Uno de los mayores regalos que trae la vida después de la carrera profesional, aunque a veces se perciba tarde, es la libertad de elegir dónde enfocar tu energía. Por primera vez en mucho tiempo, nadie te impone horarios, objetivos ni prioridades. Esto, lejos de ser un problema, es una oportunidad extraordinaria: tú decides qué hacer con tu tiempo, atención y pasión.

Esta nueva etapa no trata solo de descansar, sino también de descubrir o redescubrir lo que de verdad te entusiasma. Puede que sea algo que tuviste que dejar de lado durante tu carrera profesional o por tus responsabilidades familiares, o quizás sea algo totalmente nuevo que apenas ahora comienza a emerger con fuerza.

Quizás te sientas atraído por lo creativo, lo manual, lo intelectual, lo social, lo filantrópico o lo espiritual. Lo importante no es tanto qué eliges, sino que lo hagas con intención y te permitas sumergirte en ello con alegría, dedicación y paciencia. Este es el momento de dirigir tu energía hacia algo que te nutra, te desafíe y te haga sentir vivo. También es normal no tenerlo completamente claro al principio. Por eso, este capítulo está diseñado como un menú de posibilidades: puedes explorar, probar, ajustar y volver a intentarlo. No hay respuestas únicas ni caminos predeterminados. Lo que sí existe es una invitación abierta a actuar, experimentar, moverte, expresarte, reconectar con tu entusiasmo y descubrir en qué dirección deseas crecer.

Lo fundamental es entender que, sin importar tu edad, circunstancias o pasado, todavía dispones de tiempo para crear una vida significativa, llena de pasión y propósito.

## a) Pausa, reflexiona y recárgate

Retomando lo explorado en el capítulo 3 sobre la relajación, aquí profundizamos en la importancia de recargar energías como base para lo que sigue. Antes de lanzarte a explorar nuevas pasiones o comenzar proyectos emocionantes, es esencial: recuperar tu energía. Después de años (o décadas) dedicados a otros—trabajo, familia, compromisos, horarios—puede ser difícil reconocer qué necesitas realmente. Por eso, el primer paso es tomar una pausa auténtica.

Y no se trata solo de descansar el cuerpo, sino también de relajar la mente y reconectar con tu mundo interior. Cuando te permites parar con intención, suelen aparecer pensamientos, emociones y deseos que habían sido silenciados por el ruido de la rutina.

Este momento de pausa es como recargar una batería que ha estado funcionando al límite. Es darte PERMISO ABSOLUTO para no "hacer algo" de inmediato, sino simplemente para "ser tú". Respira. Observa. Siente.

No necesitas sentarte a solas en la cima de una montaña ni irte a un retiro espiritual. Puedes crear un espacio de renovación en casa: un rincón tranquilo, una caminata diaria, un cuaderno en blanco, o simplemente un momento del día en el que todo se detenga para poder escucharte.

Este tiempo no es un lujo; es una necesidad. Porque solo cuando la energía empieza a volver puedes comenzar a elegir con mayor claridad y calma qué hacer con ella.

Ejercicio 1 – Mini retiro personal - Así como el cuerpo necesita descanso para recargar fuerzas, tu mente y tu energía interior también necesitan una pausa intencional. Este ejercicio propone crear tu propio "retiro personal" en casa, sin necesidad de viajar ni de grandes planes. Solo necesitas algo de tiempo y una actitud abierta. Elige una semana—o al menos varios días consecutivos—en la que puedas reducir compromisos externos y dedicarte a ti. Diseña un espacio y un ritmo tranquilos: incluye actividades que te relajen, como leer, caminar, escuchar música, meditar, escribir, cocinar con calma o simplemente contemplar el silencio. Evita la sobre planificación. No se trata de lograr algo, sino de sentirte, escucharte y darte espacio. Este retiro personal es un regalo que te ayudará a reequilibrarte y a comenzar esta nueva etapa desde un lugar más claro y renovado.

Ejercicio 2 - Diario de energía y claridad - Durante esos días de pausa, lleva un diario sencillo que te permita registrar lo que sientes y piensas. Cada noche, anota cómo fue tu día, qué hiciste, cómo te sentiste, qué pensamientos nuevos surgieron o qué recuerdos se hicieron presentes. No busques grandes conclusiones; solo registra con honestidad. Al final de la semana, relee lo que escribiste. Busca palabras o frases que se repitan, emociones que aparezcan con mayor frecuencia o actividades que te hayan generado bienestar o curiosidad. Estas señales son pistas valiosas sobre lo que te recarga, te calma o te inspira. Tal vez allí ya esté escondida una dirección para enfocar tu energía en esta nueva etapa.

### b) Redescubrir pasiones dormidas

Una de las cosas más emocionantes de una jubilación con propósito es la posibilidad de volver a elegir qué hacer con tu tiempo, sin estar atado a la urgencia o al deber. Pero esa libertad también puede llevar a una pregunta difícil: ¿qué quiero hacer realmente ahora?

Cuando hemos pasado muchos años dedicados al trabajo, al cuidado de otros o simplemente siguiendo una rutina, es común que nuestras propias pasiones queden relegadas al fondo del armario de la vida. A veces, incluso olvidamos que están allí.

Esta sección no se trata solo de "llenar el tiempo" o de "encontrar un pasatiempo". Se trata de reconectar con esa parte de ti que se ilusiona, que se mueve desde el placer y la curiosidad. Esa parte que quizás dejaste en pausa cuando llegaron los hijos, con jornadas laborales de más de cincuenta horas, ascensos o cuentas por pagar.

No importa si hace mucho que no piensas en ello o si sientes que lo que te interesaba antes ya no aplica. Lo importante es abrirte a explorar. No necesitas saber con certeza qué te apasiona; solo necesitas empezar a mirar de cerca qué es lo que hoy enciende tu energía.

Y si no encuentras una gran pasión de inmediato, no te preocupes. A veces, se trata de seguir pequeños hilos o sensaciones: una actividad que te relaja, una idea recurrente, o algo que te hace perder la noción del tiempo. Esos detalles pueden ser señales de que algo importante está ahí.

Lo bonito de esta etapa es que puedes probar, ajustar, equivocarte, y volver a intentarlo, sin prisas y sin expectativas externas. No hay exámenes ni evaluaciones de desempeño, solo tu genuino deseo de reconectar con lo que te hace sentir bien.

Ejercicio 1 - Tu lista de pasiones pendientes - Haz una lista abierta, sin filtros ni censura, de todas las actividades que alguna vez te interesaron o que te habría gustado probar. Incluye tanto aquellas que realizaste en algún momento de tu vida como las que siempre te parecieron atractivas pero nunca exploraste. Pueden ir desde lo artístico hasta lo manual, físico, espiritual o intelectual. Al lado de cada actividad, escribe por qué te atrae (o te atraía entonces) o qué recuerdas haber sentido cuando la hacías. No es una lista de tareas; es un mapa para descubrir posibilidades que conecten contigo.

Ejercicio 2 - Un mes, una pasión - Elige una de las actividades de tu lista y comprométete a dedicarle tiempo durante un mes. No tiene que ser todos los días, pero sí con regularidad y constancia. Organiza tu semana para incluir momentos dedicados exclusivamente a explorar esa pasión. Cada vez que lo hagas, toma algunas notas sobre cómo te sentiste, qué aprendiste, qué disfrutaste y qué te sorprendió. Al final del mes, evalúa si esta actividad es algo que quieres seguir cultivando, si vale la pena retomarla con más profundidad, o si prefieres probar otra. La clave es darte la oportunidad de experimentar con apertura y sin exigencias.

**c) El llamado del camino: Viajar como experiencia renovadora**

Viajar en esta etapa no se trata de coleccionar sellos en el pasaporte ni de cumplir una lista de «lugares que debo visitar antes de morir».

En cambio, ahora el viaje tiene un ritmo diferente, un propósito diferente. Puede ser una forma de salir de la vida que podríamos haber llevado en «piloto automático», darle un descanso al cuerpo y a la mente, y volver a mirar el mundo con una mezcla de curiosidad y calma. En lugar de acumular sellos en el pasaporte, ahora se trata de acumular nuevas experiencias. Y lo mejor: no tiene que ser un gran viaje ni implicar mucha logística. A veces, una escapada de fin de semana o una visita a un lugar que siempre tuviste cerca pero nunca exploraste puede generar ese sentido de novedad tan necesario.

Un cambio de ambiente—aun por poco tiempo—despierta los sentidos. Escuchas con más atención, caminas más despacio y observas detalles que en casa pasarían inadvertidos. Incluso las conversaciones se vuelven diferentes: más largas, más sinceras y menos apuradas.

Además, viajar puede ser un puente para reconectar con otras personas. Compartir un viaje en auto, hacer una parada en el camino, probar comida nueva o perderse juntos en una calle desconocida—todo eso crea recuerdos que perduran. Y si viajas sola o solo, también hay magia: silencio, independencia, reflexión y la libertad de hacer lo que quieras sin negociar con nadie.

Otra ventaja es que ahora decides cómo y para qué viajar. Quizás ya no te interesen los sitios turísticos llenos de gente, sino que busques pueblos con historia, rutas naturales, experiencias culturales, gastronomía local, o simplemente un buen hotel con vista y un buen libro. La clave es viajar con intención, con ganas de sentirte de otra manera, no solo de «hacer cosas».

Y si, por alguna razón, no es posible salir físicamente de tu entorno, siempre hay formas de «viajar» desde casa: leer sobre otros países, ver documentales inspiradores, probar recetas de otras culturas, o hablar con alguien que haya vivido lejos. Porque a veces lo que necesitamos no es distancia, sino una perspectiva diferente.

Viajar en esta etapa es un regalo, no solo porque te permite conocer más el mundo, sino también porque te da la oportunidad de conocerte desde otro ángulo y con una mirada diferente.

Ejercicio 1 - Menú práctico de opciones - Toma una hoja o página de tu cuaderno (o tu app personal si la usas) y empieza a crear tu propio «menú de viajes». No tiene que ser ambicioso ni estar bien organizado—esto es solo para ti. Haz tres columnas y anota:

- **Lugares cercanos** (esos que podrías visitar en un solo día o fin de semana).
- **Lugares dentro del país** (donde te gustaría pasar unos días con calma).
- **Lugares internacionales** (esos que quizás sueñas con visitar, sin importar cuándo). Al lado de cada lugar, escribe por qué te atrae: ¿te da curiosidad? ¿Te trae recuerdos? ¿Te genera calma o entusiasmo? Esta lista no es una obligación; es una fuente de inspiración para cuando quieras romper la rutina con intención.

Ejercicio 2 - Planifica un viaje con propósito - Elige uno de los destinos de tu lista; para empezar, puede ser uno cercano y fácil de organizar, y comprométete a planear una salida en los próximos dos meses. No tiene que ser perfecto ni muy extenso. Lo importante es que te entusiasme. Busca fotos del lugar, averigua qué puedes hacer allí, dónde podrías alojarte o qué te gustaría probar. Si quieres compartir el viaje, piensa con quién podrías hacerlo. Si prefieres ir en solitario, organízalo a tu ritmo. Después del viaje, dedica una página en tu cuaderno para anotar cómo te sentiste, qué descubriste, qué te sorprendió y qué te gustaría repetir. A veces, el simple acto de recordar también forma parte del viaje.

### d) El regalo de dar: Cómo el voluntariado también te transforma

Una de las preguntas que nos hacemos en la jubilación es: «¿Para qué sirvo ahora?». Después de tantos años de aportar valor a través del trabajo, muchas personas sienten que, al dejar su rol profesional, también dejan atrás su capacidad de contribuir. Pero no es cierto. Podrá cambiar la forma, pero no la esencia.

Esta etapa de la vida puede ser el momento perfecto para redirigir tus conocimientos, tu experiencia, tu tiempo y tu energía hacia causas que de verdad te importen. No porque «debas ayudar», sino porque ayudar también te ayuda a tí: te mantiene en movimiento, te conecta con otras personas, te da estructura y, muy importante, te recuerda que todavía puedes generar impacto.

Un voluntariado bien pensado es una forma poderosa de mantenerte en movimiento y, al mismo tiempo, de sentirte implicado e implicada y con vida. Te devuelve a lo esencial: la conversación, el intercambio, la empatía y el contacto humano. Puede ser algo pequeño y cotidiano, como leer cuentos a niñas y niños en una biblioteca pública cercana o en una escuela, acompañar a personas mayores en una residencia y charlar con ellos, hacerle la compra de mercado a una vecina o un vecino que lo necesite, o ayudar con tareas escolares. O algo más organizado, como apoyar con tareas administrativas en una fundación, respaldar una campaña, colaborar con una ONG (organización no gubernamental), o aportar tu conocimiento profesional en otra escala, ofreciendo clases gratuitas de lo que sabes, o cocinando para un comedor comunitario. Lo mejor es que tú eliges dónde y cómo. No hay jefes, no hay métricas, solo causas que te conmuevan y personas con quienes puedes construir algo valioso.

Y si te preguntas si tu contribución marcará una diferencia, la respuesta es un claro y rotundo SI. Porque en un mundo que a menudo va demasiado rápido, el simple acto de ofrecer tiempo, atención y presencia puede tener un impacto mayor del que imaginas.

En última instancia, ayudar no es solo una forma de dar; también es una forma de encontrarte. Y quizás lo más hermoso de todo sea esto: cuando empiezas dando, terminas recibiendo mucho más.

Ejercicio 1 - Tu mapa personal de impacto - Haz una lista de causas, temas o grupos de personas con los que sientas una conexión especial. No pienses solo en lo que «hace falta», sino en lo que mueve tu corazón: animales, medio ambiente, infancia, salud, arte, educación, personas mayores, inclusión, pobreza, etc. Al lado de cada tema, escribe si tienes alguna experiencia relacionada o si simplemente es algo que te inspira. Esto te ayudará a tener más claridad sobre dónde podrías contribuir con gusto y autenticidad.

Ejercicio 2 - Prueba una primera acción concreta - Elige una causa de tu lista y busca una oportunidad real para colaborar en los próximos tres meses. Puede ser en tu comunidad, una organización local, una iglesia, una ONG o incluso un proyecto informal entre vecinas y vecinos. No lo pienses como un compromiso a largo plazo, sino como una experiencia de prueba. Después de participar, tómate unos minutos para escribir sobre cómo lo que sentiste, lo que aprendiste y si algo te dio ganas de continuar. Quizás esa pequeña acción sea la puerta de entrada a algo mucho más grande.

## e) Expresarte a través de la creatividad

Otra área que vale la pena explorar en esta etapa es la expresión creativa. No tanto como una actividad productiva o comercial, sino como una forma de darle voz al alma.

Todas las personas llevamos dentro pensamientos, emociones, recuerdos e ideas que a veces no encuentran salida en las conversaciones cotidianas. La creatividad es una herramienta poderosa para dejar fluir lo que llevamos dentro. No necesitas ser una "persona artista" ni tener experiencia previa; crear es, sobre todo, darte permiso para sentir y expresar.

Puede tomar la forma de pintar, escribir, cantar, bordar, tocar un instrumento, hacer cerámica, tomar fotos, cocinar de forma creativa, construir algo con tus manos, crear collages, o incluso llevar un diario visual. También puede ser tan sencillo como escribir cartas que no enviarás o crear pequeñas historias inspiradas en tu propia vida. Otros ejemplos menos obvios incluyen: fotografía con el teléfono móvil, crear un blog personal o podcasts, escribir un libro, diseño gráfico sencillo con herramientas en línea, o incluso crear contenido para redes sociales sobre un tema que te apasione.

La intención no es que la obra "sea valiosa" para otras personas, sino que lo sea para ti; que te aporte satisfacción, te haga sonreír, te dé espacio para la introspección o te ayude a soltar algo que estás sosteniendo por dentro.

Y, lo más importante, no hay errores. En el mundo de la expresión personal, no existe el "salió mal". Todo lo que viene de ti y se hace con autenticidad tiene valor. Porque cuando creas desde adentro, aunque nadie más lo vea, estás escuchándote, y eso siempre suma.

Ejercicio 1 - Encuentra tu canal de expresión - Tómate unos minutos para recordar actividades creativas que hayas disfrutado en el pasado, incluso si fue hace muchos años o solo por un breve período. Luego, haz una lista abierta de formas de expresión que despierten tu curiosidad o te den placer, sin importar si las has probado antes o no. Incluye opciones clásicas como pintar, escribir, cantar o tocar un instrumento, pero también otras menos obvias: decorar un rincón de la casa, diseñar arreglos florales, hacer poesía con recortes de revistas, cocinar platos nuevos sin seguir recetas, improvisar historias para tus nietos y nietas, llevar un diario visual, o grabarte hablándote como si fuera una carta para el futuro. Marca aquellas que más te atraigan, incluso si no sabes por dónde empezar. Esa intuición suele ser una buena señal.

Ejercicio 2 - Crea sin expectativas - Elige una de las formas de expresión de tu lista y dedica tiempo semanal —aunque sea solo una hora— para explorar esa forma de expresión. Prepara un espacio cómodo, libre de distracciones o juicios. La idea no es "hacer algo bonito" o "mostrarlo después", sino simplemente crear algo que te conecte contigo de forma satisfactoria. Si te cuesta empezar, pon un límite de tiempo corto (por ejemplo, 20 minutos) y permite que salga lo que salga tal como venga. Puede ser una pintura libre, una página con palabras sueltas, una melodía improvisada, una carta escrita a nadie—lo que sea. Cuando termines, tómate un momento para notar cómo te sentiste al hacerlo. ¿Te relajó? ¿Te movió algo por dentro? ¿Te hizo sonreír? Esa es la medida de su valor: no lo que lograste... sino lo que despertó en ti.

Ejercicio 3 (bonus basado en una experiencia personal) - Explora la creatividad con la tecnología - La creatividad también se ha transformado con los avances tecnológicos. Hoy existen herramientas basadas en inteligencia artificial que te permiten componer música, escribir poemas, generar imágenes, pintar de forma digital o incluso crear videos o historias completas sin necesidad de conocimientos técnicos avanzados. Si este mundo te atrae (o simplemente te intriga), este puede ser un momento perfecto para explorarlo como una manera diferente y divertida de expresarte. Solo necesitas curiosidad y una mente abierta. Busca en YouTube o en plataformas educativas gratuitas como Coursera, Domestika o Udemy (todas éstas disponibles al momento de escribir estas líneas. Otras más podrán aparecer en un futuro, o habrá otras diferentes en tu región/país cuando intentes hacer esto) un curso introductorio sobre herramientas creativas con inteligencia artificial. Hay cursos cortos que te enseñan, por ejemplo, a escribir historias con ayuda de la IA, crear ilustraciones digitales o generar imágenes a partir de tus ideas. Tómalo como un juego. El objetivo no es volverte especialista, sino descubrir nuevas formas de dar forma a lo que sientes o imaginas, usando herramientas accesibles para cualquiera. Quién sabe... quizás en esta búsqueda encuentres un nuevo canal creativo que no habías imaginado.

*Nota personal: Aunque me consideraba de alguna manera conocedor de la tecnología, ya que mi trabajo había sido en empresas líderes del sector, mi experiencia personal después de 2 años de dejar la vida laboral fue que me estaba quedando desactualizado con la tecnología más reciente, incluida la inteligencia artificial (IA) y otras herramientas disponibles. Me di cuenta de que necesitaba subirme a la nueva ola tecnológica y me inscribí en clases en línea que me abrieron todo un mundo nuevo. Después de tomar algunos programas en línea (algunos gratuitos y otros con un costo relativamente pequeño), mi curiosidad y mi creatividad recibieron una inyección de pasión e ideas.*

## f) Construir nuevos lazos: conexiones y comunidad

En varios de los capítulos anteriores, muchas de las actividades propuestas —ya sea redescubrir pasiones, viajar, aprender algo nuevo o involucrarte en voluntariado— han sugerido el contacto natural (y a veces casual) con otras personas, grupos u organizaciones. En muchos casos, estos contactos están guiados por un propósito claro: colaborar, aprender, compartir, o simplemente disfrutar de la compañía.

Pero lo que quizás no siempre se menciona explícitamente es que, en estos encuentros, se abre una puerta valiosa: la de construir nuevos lazos. Porque cada vez que das un paso hacia una actividad que te interesa, no solo haces algo por ti, sino que también vas generando la posibilidad de conocer a otras personas que están en búsquedas similares y con intereses comunes. Y esos encuentros, casuales o planeados, pueden convertirse en semillas de algo duradero.

A esta edad, muchas amistades de toda la vida siguen ahí, y eso es hermoso. Pero también es cierto que nuestros contextos cambian, y conocer gente nueva de diferentes lugares, con otras historias, puede enriquecer muchísimo esta etapa.

No se trata de forzar relaciones ni de llenar vacíos. Se trata de permitir que tu mundo social se expanda de manera natural, en función de lo que estás haciendo y disfrutando ahora. A menudo, en esos espacios compartidos, surgen conversaciones inesperadas, personas entrañables o incluso nuevas amistades que se sienten como descubrimientos.

La "comunidad" no es algo que heredamos; a veces es algo que elegimos construir.

Ejercicio 1 - Mapa de conexiones vivas - Piensa en actividades que actualmente disfrutas o te gustaría empezar a explorar (pueden ser aficiones, voluntariado, clases, caminatas, etc.). Haz una lista de cinco de ellas. Ahora, junto a cada actividad, anota al menos a una persona, grupo u organización con quienes podrías compartir o desarrollar esa experiencia. Luego, elige una sola acción concreta para avanzar con una de esas conexiones: enviar un mensaje, inscribirte en una clase, asistir a una reunión abierta o simplemente presentarte. Este ejercicio no trata de llenar tu agenda, sino de abrir una puerta. A veces, un solo paso puede llevar a una gran conversación o a una nueva amistad.

Ejercicio 2 - El diario de las pequeñas conexiones - Durante una semana, lleva un pequeño registro diario (puede ser en papel o en tu teléfono) de los encuentros breves o significativos que hayas tenido: una charla con un vecino, una conversación en el mercado, una llamada inesperada o un comentario amable durante un paseo. Cada noche, responde estas preguntas:

¿Qué sentí en ese momento de conexión? ¿Cuál fue mi primera reacción? ¿Qué aprendí de esa persona o situación, por pequeño que parezca?

Al final de la semana, relee tus notas. Pregúntate: ¿Hay alguna de estas conexiones que me gustaría profundizar? Si la respuesta es afirmativa, crea un espacio y una oportunidad para buscar a esa persona en los próximos días. A veces, los lazos más valiosos empiezan con los gestos más sencillos.

## g) Trazar tu nuevo camino: Pequeñas metas, grandes satisfacciones

Después de dedicar tiempo a descansar, explorar pasiones, aprender, conectarte con otras personas o incluso colaborar en causas que te importan, hay algo que puede darle aún más sentido a tu vida diaria: empezar a trazar tu propio nuevo camino de manera intencional.

No necesitas un plan maestro para los próximos veinte años. Es suficiente pensar en algunas metas, grandes o pequeñas, que te motiven, te enfoquen o simplemente te ilusionen para las próximas semanas o meses. Algo que te dé una razón para levantarte con ganas, una estructura que organice tu tiempo, o un proyecto que te recuerde que aún hay mucho por hacer y disfrutar.

Estos objetivos pueden ser tan variados como quieras o necesites: desde caminar tres veces por semana, escribir (o terminar) un libro, aprender a usar una nueva aplicación en tu teléfono o computador, organizar un viaje, participar en un club o incluso escribir tus memorias. Lo importante es que tengan sentido para ti, no que impresionen a nadie más.

Trazar tu camino no es una presión ni una exigencia. Es un gesto para seguir avanzando con intención. Porque, en esta etapa de la vida, la libertad no está peleada con el compromiso. Un poco de dirección, aunque sea flexible, puede marcar la diferencia entre simplemente llenar el tiempo o vivirlo con propósito.

Ejercicio 1 - Tres objetivos que te entusiasmen - Piensa en tres cosas que te gustaría lograr en los próximos seis a doce meses. No tienen que ser "grandes logros", sino metas que te den ganas de ponerte en marcha. Pueden estar relacionadas con tu salud, tu bien estar, tu entorno, tus relaciones o un proyecto personal. Anótalas en tu cuaderno o diario, o en tu aplicación personal si ya la estás usando, y junto a cada una escribe por qué ese objetivo es importante para ti y qué emoción despierta en ti cuando imaginas alcanzarlo. Luego, para cada una, identifica un simple primer paso que podrías dar esta misma semana. A veces, empezar con algo muy pequeño marca toda la diferencia.

Ejercicio 2 - El calendario con sentido - Elige uno de los objetivos de tu lista y diseña una pequeña rutina semanal para mantenerlo vivo. Por ejemplo, si tu objetivo es salir a caminar, bloquéalo en tu calendario como una cita contigo. Si es escribir, reserva una hora del día para hacerlo sin interrupciones. Lo importante es darle un espacio real en tu semana, como si fuera algo valioso... porque lo es. Anótalo en tu cuaderno o diario, o en tu aplicación personal si ya la estás usando. Tras un mes, reflexiona: ¿ese objetivo te está aportando lo que esperabas? ¿Necesita algún ajuste?

¿Quieres continuar, cambiar de rumbo o probar algo nuevo? Recuerda: no se trata de exigirte, sino de construir una vida que tenga sentido para ti a tu propio ritmo. Al mismo tiempo, sin embargo, debes mostrar cierto nivel de compromiso y dirección para poder definir si es algo que vas a querer incorporar en su rutina y planes de mediano y largo plazo.

### h) La esencia de la verdadera alegría

Después de revisar tu situación actual, equilibrar tu tiempo, reconectar contigo, aceptar lo vivido y proyectarte hacia lo que viene, ¿qué sigue?

Quizás ahora sea momento de algo más sencillo y, sin embargo, profundamente poderoso: ¡disfrutar!

La esencia de la verdadera alegría no se encuentra en los grandes logros ni en las hazañas extraordinarias. Está en aprender a saborear los pequeños momentos, en darte permiso para sentir alegría sin necesitar razones, y en reconocer que el bienestar no siempre proviene de hacer más, sino de estar más presente y poder hacer las cosas que hacemos con gusto y disfrutarlas.

Esta alegría no es euforia ni perfección. Es una sensación serena y profunda que aparece cuando lo que haces, lo que sientes y lo que valoras están en sintonía. Puede manifestarse como una sonrisa que se te escapa mientras caminas por tu barrio o como una emoción tranquila al escuchar una canción que te ha acompañado durante años. No depende de las circunstancias externas, sino de tu disposición interna a reconocer lo bueno, lo simple, en tu vida. Es algo que se cultiva con actitud, con pequeñas decisiones cotidianas y con una mirada generosa hacia ti y hacia el mundo.

Este tipo de alegría no se busca en el calendario ni se planifica con listas de verificación. Se cultiva. Se elige. Y, a menudo, se redescubre cuando nos permitimos bajar el ritmo y mirar más de cerca lo que ya hay en nuestra vida.

Puede estar en un paseo sin prisas, en la risa compartida con alguien a quien amas, en el primer sorbo de café por la mañana o en contemplar el atardecer desde el mismo lugar de siempre. También puede estar en agradecer lo que ya tienes, en aceptar lo que no fue y en mirar al futuro con la serenidad de quien sabe que cada día trae su propio regalo.

Porque, al final, jubilarse con júbilo no es solo dejar de trabajar; es aprender a vivir cada día con propósito, gratitud y ligereza.

Ejercicio 1 - Diario de pequeños placeres - Durante una semana, cada noche, anota en tu cuaderno o diario, o en tu aplicación personal, al menos un momento del día que te haya brindado una sensación de alegría, calma o gratitud. No tiene que ser nada extraordinario; puede ser una conversación agradable, el sabor de una comida, una buena siesta, una canción que te conmovió o una pausa en el día que te hizo sonreír. Al final de la semana, relee tus notas. ¿Qué patrones encuentras? ¿Qué tipo de momentos te brindan más alegría? ¿Cómo podrías tener más de ellos en tu rutina diaria?

Ejercicio 2 - Diseña tu ritual personal de alegría - Piensa en una actividad sencilla que te haga sentir bien—escuchar música, leer al aire libre, tomar café en silencio, hacer jardinería o caminar sin prisas—y comprométete a incluirla al menos dos veces por semana. Anótala en tu cuaderno, o en tu aplicación personal si ya la estás usando, junto con el motivo por el que elegiste esa actividad. Después de cada práctica, escribe una breve reflexión sobre cómo te sentiste. Con el tiempo, este ritual no solo te brindará placer, sino que se convertirá en un ancla emocional que te recuerde que la alegría también se cultiva con intención.

Porque, al final, jubilarse con alegría no es solo dejar de trabajar. Es abrir una nueva etapa en la que puedes diseñar tu vida con libertad, intención y la alegría de saber que cada elección es una oportunidad para experimentar mayor plenitud.

## RESUMEN DEL CAPÍTULO:

Este capítulo ha sido una invitación a pasar de "hacer por costumbre" a "vivir con intención". Hemos explorado ideas para reactivar tu energía, descubrir nuevas motivaciones, crear conexiones con sentido y, sobre todo, hacer espacio para la alegría sencilla que surge de estar presente en lo que haces.

No hay un único camino ni una receta fija. Lo importante es que lo que elijas hacer te refleje, te haga sentir bien y te conecte con lo que de verdad te importa. Algunos objetivos te impulsarán; otros simplemente te acompañarán. Lo esencial es que sean tuyos.

Así que, sigue explorando. Ajusta tu rumbo cuando lo necesites. Disfruta lo que estás creando. Porque la jubilación no es una meta de llegada; es el comienzo de una etapa en la que puedes elegir conscientemente cómo vivir cada día con más plenitud y propósito.

Este capítulo ha buscado ser un viaje profundo hacia reactivar tu energía y redescubrir tus pasiones, elementos vitales para una jubilación plena y alegre. Empezamos con la importancia de hacer una pausa genuina y recargar, reconociendo que solo desde un lugar de calma y bienestar puedes identificar tus verdaderas motivaciones. Esta base de energía renovada es el combustible para todo lo que sigue.

Luego, te invitamos a redescubrir esas pasiones dormidas que quizás quedaron relegadas durante tu vida laboral. Ya sea un pasatiempo de antaño o un interés completamente nuevo, la clave es la experimentación y la curiosidad, permitiéndote probar y ajustar sin presiones. Esto exploración se extiende a los viajes como experiencia renovadora, no solo como un desplazamiento físico, sino como una oportunidad para cambiar de perspectiva y acumular nuevas vivencias que oxigenen tu espíritu.

Además, exploramos el regalo de dar a través del voluntariado, una forma poderosa de sentirte útil y conectado, aportando tu experiencia y tu tiempo a causas que te conmueven. La expresión creativa ha sido otra manera de darle voz a tu alma, recordándote que no necesitas ser artista para crear y que la tecnología puede ser una aliada en este proceso. La importancia de construir nuevos vínculos y fortalecer tu comunidad ha sido un pilar fundamental, pues las conexiones humanas son esenciales para el bienestar en esta etapa. Por último, te hemos orientado a trazar tu nuevo camino con pequeñas metas, entendiendo que la flexibilidad y la agilidad son tus mejores aliadas, y a celebrar cada logro, por pequeño que sea, como una chispa que alimenta tu motivación y fortalece tu autoestima.

En conjunto, este capítulo te ha brindado una caja de herramientas. Es un llamado a la acción consciente, la experimentación y la adaptación. La energía y la pasión no son recursos que se agotan con la jubilación; se reactivan y se orientan con propósito. Al aplicar estas ideas, no solo estarás llenando tu tiempo, sino que también lo estarás llenando de sentido, alegría y vitalidad renovada. Tu jubilación es un lienzo en blanco que espera ser pintado con los colores de tus pasiones y la energía de tu propósito.

Así que sigue explorando. Ajusta tu rumbo cuando lo necesites. Disfruta lo que estás creando. Porque la jubilación no es una meta de llegada; es el comienzo de una etapa en la que puedes elegir consciente mente cómo vivir cada día con más plenitud y propósito.

## PRÓXIMOS PASOS

Hemos dedicado los primeros capítulos de este libro a ofrecer ideas estructuradas, reflexiones profundas y ejercicios diseñados para ayudarte a observar tu situación actual, tomar conciencia de tus prioridades y reconectar con lo que te hace sentir bien. Cada capítulo fue concebido como una invitación a pausar, pensar y decidir desde un lugar más consciente y auténtico. Ha sido mi intención que en cada capítulo hayas encontrado inspiración, ideas, o algún ejercicio que te haya ayudado a enfocar tus planes al futuro.

Los próximos capítulos cambiarán ligeramente el enfoque. Mantendrán el tono cercano y reflexivo que nos ha acompañado hasta ahora, pero darán un paso más hacia lo práctico. Serán propuestas más directas para pasar de la reflexión a la acción, con ideas concretas que puedes adaptar a tu ritmo y a tu realidad.

No se trata de imponerte una lista de tareas ni de crear una agenda inflexible. Se trata de ofrecerte opciones que te inspiren a aplicar tu experiencia, tus conocimientos y tu tiempo a proyectos, actividades o contribuciones que den un nuevo sentido a esta etapa de tu vida.

## CÓMO USAR LOS CAPÍTULOS ANTERIORES

Revisa los capítulos anteriores como si fueran herramientas en una caja de herramientas personal. Puedes volver a ellos cuando lo necesites: para retomar una idea que te inspiró, repetir un ejercicio que te resultó útil o simplemente para ver cómo has evolucionado desde la primera lectura. El contenido fue diseñado para acompañarte en distintos momentos, no solo para leerse una vez. Como toda herramienta útil en tu caja de herramientas, búscalas y utilízalas de acuerdo con las necesidades de la ocasión.

## QUÉ ESPERAR DE LOS PRÓXIMOS CAPÍTULOS

Las siguientes «Rs» que exploraremos estarán enfocadas en pasar a la práctica. No perderemos de vista la reflexión ni el tono humano, pero ahora el enfoque estará en actividades más prácticas, ideas para aplicar tu experiencia, explorar nuevos caminos y dar forma concreta al estilo de vida que quieres cultivar. Piénsalo como un laboratorio para probar nuevas versiones de ti.

Así que, adelante, sigamos escribiendo esta nueva etapa con intención, curiosidad y alegría. ¡Nos vemos en el próximo capítulo!

# CAPÍTULO 7

## R7- RECONOCER NUEVAS ÁREAS DE INTERÉS, AJUSTAR TU FORMA DE PENSAR Y ABRAZAR EL CAMBIO

«No podemos convertirnos en lo que queremos ser si seguimos siendo lo que somos.»

MAX DEPREE

### *EL PLAN MAESTRO DE ARTURO: PERFECCIÓN INAMOVIBLE*

*Arturo, un jefe de proyectos sumamente metódico, abordó su inminente jubilación como «el proyecto más grande de su vida». Su objetivo era crear un plan impecable, sin fallas, para asegurar una jubilación perfecta. Se sumergió en una investigación exhaustiva: devoró libros, asistió a seminarios y entrevistó a docenas de jubilados. Con toda esa información, elaboró «El plan maestro de jubilación de Arturo», un documento con estrategias detalladas para cada aspecto de su futuro. Él lo revisaba, pulía y optimizaba continua-*

*mente, convencido de que «debe estar perfecto antes de empezar». Mientras Arturo perfeccionaba su plan, los meses se convirtieron en un año completo. Su esposa, Andrea, lo miraba inmerso en sus diagramas y le preguntaba cuándo empezarían ambos a disfrutar la tan esperada etapa de jubilación. Pero él siempre respondía que «solo hacía falta un ajuste más». La jubilación de Arturo se había transformado en un estado perpetuo de preparación: pasaban oportunidades para viajar con amigos, los nietos crecían sin su participación activa y el gimnasio al que tanto había anhelado asistir seguía sin pisar. La moraleja de su historia es clara: la búsqueda de la perfección suele ser la enemiga de la acción. Arturo tenía el mapa más detallado del mundo, pero nunca dio el primer paso. Su plan impecable, jamás ejecutado, se convirtió en una hermosa pieza de arte teórico, un testimonio claro de la «parálisis por análisis». Le llevó un tiempo entender que la vida en la jubilación es un proceso de adaptación continua, no un destino inmutable planificado al milímetro. No fue sino hasta entonces que por fin pudieron empezar a vivirla, con un plan «menos que perfecto», pero en constante evolución.*
*Este capítulo marca una transición importante en tu camino hacia una jubilación con propósito. Hasta ahora, hemos recorrido seis etapas de profunda reflexión: revisamos tu situación actual, descansaste, identificaste arrepentimientos, redefiniste prioridades, cultivaste nuevas energías y te reconectaste con lo que de verdad importa.*
*Todo ese trabajo personal ha sido como preparar el terreno: observar, ordenar, soltar y también empezar a construir.*

## EMPECEMOS

Ahora ha llegado el momento de avanzar dentro de nuestra jubilación con verdadera intención. Ya no se trata solo de reflexionar, sino de **aplicar, de entrar en acción**. De ponerte manos a la obra y dar forma concreta a todo lo que descubriste sobre ti durante las primeras seis «Rs». Tienes listas, notas, recuerdos, nuevos intereses despertando y una consciencia más clara de lo que te nutre y de lo que ya no tiene lugar en esta etapa.

Este capítulo es una invitación a mirar hacia adelante sin miedo, dejando atrás la nostalgia que a menudo acompaña el fin de la vida laboral. No se trata de olvidar lo vivido, sino de redirigir todo lo aprendido hacia una versión de ti más libre, auténtica y actualizada. Esta etapa no busca llenar el tiempo: busca darle sentido, sabor y propósito.

Se trata de investigar, probar, equivocarte y reinventarte. De descubrir qué actividades encienden tu entusiasmo, qué ideas merecen más de tu energía y con qué mentalidad quieres seguir habitando tu vida.

En este nuevo tramo, lo que hagas será importante, sí, pero con el placer de elegirlo tú mismo/a. Y para eso, todo lo que has trabajado hasta ahora es tu mejor punto de partida.

Abordaremos este proceso en dos partes. Primero, te invitaré a explorar nuevas áreas de interés: caminos que quizás habías puesto en pausa o que recién ahora descubres como opciones reales. Luego, daremos un paso hacia adentro para reprogramar tu forma de pensar y aceptar plenamente los cambios que estás viviendo, con una perspectiva más abierta, flexible y alineada con esta nueva etapa de vida.

## PARTE A: EXPLORA SIN MIEDO NI LÍMITES

### a) Nuevas áreas de interés

Explorar nuevas áreas de interés en esta etapa no es un lujo; es una oportunidad vital. Ya no hablamos de buscar ascensos o nuevas credenciales, sino de abrir espacios para lo que quedó pendiente, silenciado o simplemente no tuvo lugar mientras otras prioridades dominaban tu vida; áreas que quizás no habías considerado antes o que dejaste pasar por falta de tiempo o energía.

Ahora, el crecimiento personal toma otra forma: es más interno, más libre y auténtico. Se trata de escuchar con atención esas voces interiores que, en algún momento de tu pasado, te susurraron «algún día...» y por fin darles su momento.

Y aquí no partimos de cero: ya has recorrido un camino valioso. Has hecho listas, realizado ejercicios y comenzado a reconocer qué te da energía y qué no. Este es el momento de usar esa información para experimentar: poner a prueba lo que escribiste en tus notas, en tu cuaderno de registro o en tu aplicación, aquello que te hizo sonreír mientras leías o lo que pensaste: «Podría intentar esto».

No necesitas un gran plan. Solo te hace falta curiosidad, apertura y disposición para jugar con las posibilidades. Este tramo no se mide en aciertos, sino en descubrimientos.

Ejercicio 1 - Diario de pasiones latentes - Tómate un momento para revisar tus listas de ejercicios anteriores y piensa en aquellas cosas que alguna vez te entusiasmaron o despertaron tu interés, pero quedaron en pausa por las demandas del trabajo, la familia o la rutina diaria. Luego, elige una sola actividad y dedícale un mes a explorarla. Anótala en tu cuaderno o en tu aplicación personal, y registra no solo lo que haces, sino también cómo te hace sentir. Este ejercicio no se trata de encontrar «la gran pasión perdida», sino de reconectar con la curiosidad.

Ejercicio 2 - Planes de acción - Elige un día de la semana para dedicarlo a una de las ideas o intereses que has identificado en los ejercicios anteriores. Elige solo una, la que más te entusiasme o te intrigue, y elabora un pequeño plan de acción para ponerla en práctica dentro de las próximas 72 horas. Anota los pasos concretos que necesitas seguir en tu cuaderno o aplicación personal: ¿qué necesitas? ¿Hay materiales, personas, espacios o información que debas reunir? ¿Dónde puedes conseguirlos? ¿Cuál sería un primer paso realista y sencillo que puedas dar hoy? No se trata de tenerlo todo resuelto, sino de empezar. Dar ese primer paso con claridad puede marcar la diferencia entre una buena intención y una experiencia transformadora.

## b) Sumérgete en la información

Tener una lista de intereses es solo el comienzo. Ahora llega una parte igualmente importante y emocionante: informarte. Es momento de investigar, leer, hacer preguntas, mirar con ojos curiosos y llenarte de ideas. No necesitas volverte una persona experta en todo, pero sí darte el gusto de aprender lo suficiente como para tomar decisiones con mayor confianza.

Explorar con intención te permite descubrir matices, entender posibilidades y, sobre todo, evitar falsas expectativas. Investigar también enciende el entusiasmo; cada nueva pieza de información te conecta más con esa curiosidad que ya has despertado.

Ya sea que leas libros, escuches podcasts, navegues por internet o charles con alguien que sepa del tema, cada paso cuenta. Tu camino se va aclarando con cada dato, cada historia y cada nueva perspectiva que incorporas.

No hay prisa aquí. Este proceso es tuyo, y el único objetivo es que disfrutes el proceso tanto como los descubrimientos.

Ejercicio 1 - Semana de exploración temática - Elige uno de tus intereses y dedícale una semana para investigarlo. Comienza con artículos o videos en línea y avanza a libros relacionados, entrevistas o cursos. Anótalo en tu cuaderno o aplicación personal: registra qué fuentes consultaste, qué aprendiste y cómo te sentiste.

Después de esa semana, elige otro tema de tu lista de intereses y sigue el mismo proceso: una semana de investigación. Puedes continuar haciendo este ejercicio tres o cuatro veces, lo cual puede darte información muy valiosa para elegir un «campo».

Ejercicio 2 - Conexiones con sentido - Agenda y realiza una charla informal (presencial o virtual) con al menos dos personas que tengan experiencia en ese tema. Pueden ser amistades, integrantes de un club o incluso personas que encuentres en foros o en redes sociales. Haz preguntas, escucha y aprende de sus experiencias. Comparte con ellas tu propia experiencia o comprensión del tema y pide sus puntos de vista.

### c) El placer de experimentar

Después de haber explorado tus intereses con más detalle, armado algunos planes iniciales y reunido información útil, llega uno de los momentos más reveladores y divertidos del proceso: probar. Sí, simplemente lanzarte y hacerlo. Porque, por muchas conversaciones que tengas, por muchos libros que leas o videos que veas, hay sensaciones, emociones y aprendizajes que solo se activan cuando vives la experiencia en primera persona.

Participar en un taller, sumarte a una clase (presencial o virtual), habilitar un pequeño espacio en casa para experimentar o, simplemente, empezar con lo que tienes a mano te permitirá descubrir si ese interés realmente te entusiasma... o si era solo una linda idea sobre el papel. Lo importante aquí no es hacerlo perfecto, sino dejarte sorprender por lo que el proceso genera en ti.

Y lo mejor es que probablemente ya tengas una ventaja: en tu fase de investigación, seguramente encontraste cursos accesibles, actividades gratuitas o comunidades que puedes explorar. Este es el momento de atreverte. No se trata de rendir cuentas a nadie ni de alcanzar un estándar externo. Eres tú, tu interés genuino y tu curiosidad como guía.

Incluso descubrir que algo no te gusta es una victoria, porque ahora lo sabes por experiencia, no por suposición. Eso también te acerca un paso más a lo que sí conecta contigo.

Ejercicio 1 - Primera práctica - Elige uno de tus intereses, de preferencia el que despierte más curiosidad o te haga sonreír cuando piensas en él. Luego, dedica un tiempo a buscar un curso o taller introductorio sobre ese tema. No importa si es en línea o presencial, gratuito o de bajo costo; lo importante es que se ajuste a tus posibilidades actuales. Inscríbete, aunque sea solo para explorar. Recuerda que no se trata de comprometerte a largo plazo ni de lograr resultados perfectos. Este paso es simplemente una prueba, un primer acercamiento, una manera de dejar de imaginar y empezar a vivir la experiencia. Anótalo en tu cuaderno o aplicación personal y registra cómo te sientes antes, durante y después de esa primera clase o sesión. El paso más importante es atreverte a cruzar el umbral.

Ejercicio 2 - Tu zona de exploración - Destina un rincón de tu hogar a ese nuevo interés. Puede ser una mesa para pintar, un estante para tus libros o un espacio para practicar yoga. Contar con un espacio definido te ayuda a mantener el hábito y le da continuidad a tu exploración.

## d) Abraza la curva de aprendizaje

Durante tu vida profesional, probablemente te volviste experta/o en tu campo y/o una persona muy competente en la ejecución: alguien que dominaba procesos, resolvía problemas y tomaba decisiones con confianza. Pero ahora estás en terreno nuevo, donde toca volver a ser principiante. Y eso, aunque pueda parecer incómodo empezar desde cero, también es una oportunidad increíble para reinventarte.

Todo lo nuevo viene con cierta torpeza inicial. Empezar algo desde cero puede provocar frustración, dudas o incluso ganas de abandonar. Pero, en este momento de tu vida, eso no debería desanimarte. Al contrario, equivocarte es una parte natural del aprendizaje. Aquí no hay evaluaciones, ni plazos, ni jefes. Eres tú, tu interés genuino y tu curiosidad como guía. Puedes equivocarte sin consecuencias graves, aprender a tu propio ritmo y, sobre todo, disfrutar del proceso sin la presión de tener que ser perfecta/o.

Darte permiso para no saberlo todo y aprender jugando es un acto de valentía y de libertad. Este es tu espacio para explorar sin miedo y empezar de nuevo con alegría.

Ejercicio 1 - Bitácora de descubrimiento - Ahora que has vuelto al rol de aprendiz, con la libertad de explorar sin exigencias externas, es importante documentar tu camino. Después de cada sesión o práctica, escribe brevemente qué hiciste, qué aprendiste, cómo te sentiste y qué emociones surgieron. Anota también cualquier obstáculo, duda o sorpresa que haya aparecido en el camino. No subestimes el valor de esta bitácora; se convertirá en una guía personal de crecimiento. Reflejará tu evolución, testigo silencioso de tu esfuerzo y de tu curiosidad.

Anótalo en tu cuaderno o aplicación personal y tómate el tiempo de releerla de vez en cuando para ver todo el progreso que has logrado.

Ejercicio 2 - Revisión mensual - Una vez al mes, o al finalizar el curso o taller si estás participando en uno, repasa tus notas. ¿Qué actividades te entusiasmaron más? ¿En cuáles notaste progreso? Usa esa información para decidir si continuar, cambiar o ajustar tu rumbo.

## e) Reflexiona y ajusta

Seamos realistas: es muy probable que no todo lo que pruebes se convierta en una revelación o en algo que adoptes. Algunas actividades quizás no sean lo que imaginabas o no despierten el entusiasmo que esperabas. Por otro lado, algunas experiencias sí pueden ser descubrimientos positivos, emocionarte y hacerte sentir que has encontrado algo valioso.

Este momento de evaluación es clave. Date el tiempo para reflexionar y decidir qué caminos quieres seguir explorando y cuáles puedes dejar atrás sin culpa. Como en los viejos programas de concursos: «Has llegado a esta etapa... ahora te toca decidir: ¿te retiras o continúas?».

Ejercicio 1 - Semana de reflexión - Después de tres meses de exploración activa, tómate una semana para pausar y mirar hacia atrás. ¿Qué actividades te hicieron sentir bien? ¿Qué aprendizajes te llevas? ¿Qué podrías dejar atrás sin arrepentimientos? Reflexiona con libertad y sé honesta/o contigo. Anótalo en tu cuaderno o aplicación personal.

Ejercicio 2 - Realinea tu brújula - Con base en lo que has vivido y sentido en esta etapa de prueba, vuelve a tu lista inicial de intereses. ¿Hay algo que quieras subir al primer lugar? ¿Algún interés que quieras dejar en pausa o eliminar? Ajusta esa lista como quien ajustar un mapa de viaje: con intención, pero también con flexibilidad. Anótalo en tu cuaderno o app personal y usa esta nueva versión como guía para lo que sigue.

## f) Comunica y colabora

A medida que te involucras con entusiasmo en nuevas actividades, también es importante que quienes te rodean sepan qué estás haciendo y te apoyen en el proceso. Compartir tu camino no solo genera apoyo emocional, sino que también puede abrir nuevas puertas, inspirar a otros y motivarte a seguir adelante.

Una de las mejores maneras de mantener viva la motivación es conectar con otras personas que comparten intereses similares. Colaborar en grupos, formar parte de comunidades o simplemente intercambiar experiencias con otros puede enriquecer lo que estás viviendo y proporcionarte una red de apoyo natural y valiosa.

Ejercicio 1 - Mapeo de grupos y redes - Haz una lista de espacios, grupos o personas con quienes podrías compartir tu experiencia. Incluye clubes, foros, amistades, antiguos colegas o incluso nuevas relaciones. Pregúntate con quién te gustaría reconectar o colaborar y piensa en formas sencillas de acercarte. Ejemplo: invita a alguien a una clase contigo, asistan juntos a una charla o simplemente comparte lo que estás explorando por mensaje. Anótalo en tu cuaderno o app personal.

Ejercicio 2 - Participa activamente - Elige uno de los grupos que investigaste y asiste a una reunión o evento. Preséntate, escucha y participa con apertura. No necesitas comprometerte de inmediato; solo vive la experiencia de estar allí y observa qué genera en ti. Por ejemplo, podrías asistir a una clase abierta de pintura, a una reunión de club de lectura o a una caminata grupal. Anótalo en tu cuaderno o app personal: registra cómo fue la experiencia, qué te llamó la atención, cómo te sentiste y si crees que este grupo puede tener un lugar en tu vida en esta etapa.

## g) Sé flexible y mantente ágil en tus líneas de acción

Una de las grandes ventajas de esta etapa de la vida es que no tienes que seguir un guion fijo. Si algo no sale como esperabas, no estás fracasando; simplemente estás aprendiendo más sobre ti. Y eso, en sí mismo, ya es un logro.

En la vida profesional, a menudo nos sentimos obligados a seguir un camino incluso cuando ya no nos motiva, porque hay compromisos, contratos y expectativas externas. Pero ahora, la brújula eres tú. Tienes la libertad —y el derecho— de ajustar tu rumbo tantas veces como sea necesario.

Quizás empezaste una actividad con gran entusiasmo, pero al practicarla te diste cuenta de que no era lo que esperabas. Está bien. Esta etapa es como un laboratorio personal: estás probando nuevas fórmulas para una vida más plena. A veces, los experimentos sorprenden gratamente y, otras veces, simplemente confirman que ese camino no es para ti.

Lo importante es mantener una mentalidad flexible, ágil y curiosa: estar abierto a lo inesperado, a lo que no estaba en tus planes, a lo que llega sin avisar. Allí, a menudo, se esconden las mejores sorpresas.

La flexibilidad no es falta de seriedad o compromiso; es adaptabilidad inteligente. Es escuchar tus deseos, tu cuerpo, tu energía y actuar en consecuencia. Es permitirte cambiar de opinión, dejar atrás lo que ya no suma y hacer espacio para lo que sí.

Ejercicio 1 - Reescribe el guion - Piensa en un momento reciente en que sentiste frustración porque algo no salió como esperabas. Puede ser una clase que no te gustó, una persona que no respondió como esperabas o una actividad que no te motivó. Anótalo en tu cuaderno o app personal y responde:

- ¿Qué expectativas tenías?
- ¿Qué ocurrió en realidad?
- ¿Qué puedes aprender de esta diferencia?
- ¿Cómo podrías reinterpretar ese momento con una perspectiva más flexible?

Ejercicio 2 - Introduce un cambio en tu plan actual - Revisa tus actividades actuales o planes en curso y elige una en la que puedas introducir un cambio significativo, por pequeño que sea. ¿Puedes cambiar el enfoque? ¿Hacerlo en un horario diferente? ¿Involucrar a otra persona? ¿Buscar un método alternativo? Pon en práctica ese cambio esta semana. Al cabo de los próximos 7 días, anótalo en tu cuaderno o app personal: ¿Cómo afectó ese cambio tu experiencia? ¿Fue un impulso positivo? ¿Qué aprendiste sobre tu capacidad de adaptarte y sobre lo que podrías hacer de manera diferente la próxima vez?

## PARTE B: REPROGRAMA TU FORMA DE PENSAR Y ABRAZA EL CAMBIO

El ser humano, por naturaleza, tiende a ser algo resistente al cambio. Más aún cuando llegamos a esta etapa de la vida, en la que nuestras ideas, costumbres y formas de pensar están profundamente arraigadas. Hemos pasado décadas desarrollando criterios, hábitos y estructuras mentales que nos han servido, pero que ahora pueden necesitar revisión.

Una vez que empieces a explorar nuevas áreas de interés, es natural que acompañes este proceso con un cambio de mentalidad. No se trata solo de hacer las cosas de manera diferente, sino también de pensar de forma distinta, romper patrones antiguos y permitirte mirar tu vida desde una perspectiva renovada. Aquí no hay jefes, ni metas impuestas ni evaluaciones externas; solo la oportunidad de construir una forma diferente de vivir.

### a) Da la bienvenida a este nuevo viaje con entusiasmo

Ya hemos hablado de visualizar esta etapa como un nuevo viaje, no como una conclusión. Imagina emprender un viaje sin itinerario fijo, pero lleno de posibilidades. Ya no tienes que seguir caminos predeterminados ni demostrarle nada a nadie. Hoy decides qué rumbo tomar, a qué ritmo avanzar y con qué propósito.

Abrazar esta nueva etapa con entusiasmo no significa negar pérdidas o nostalgia, sino hacer espacio a lo nuevo sin miedo. Se trata de celebrar lo que comienza sin anclarte en lo que ya pasó.

Permítete ilusionarte de nuevo, como cuando eras joven, pero con la experiencia y sabiduría que ahora posees. Lo que viene no tiene por qué parecerse a lo que fue; puede ser más ligero, más simple y auténtico.

Ejercicio 1 - Tu tablero de visión para esta nueva etapa - Crea tu propio tablero de visión o mapa de sueños. Usa imágenes, palabras, recortes de revistas, frases inspiradoras o incluso tus propios dibujos. Reúne todo lo que represente tus aspiraciones para esta etapa: ¿Qué quieres sentir? ¿Cómo te gustaría vivir tus días? ¿Qué cosas nuevas te gustaría explorar? Colócalo en un lugar visible. Que sea un recordatorio constante de lo que realmente quieres cultivar.

Ejercicio 2 - Carta a tu yo del futuro - Tómate un momento de calma para escribirle una carta a tu yo jubilado dentro de 5 años. Cuéntale qué metas tienes, que esperas de esta etapa, cómo te gustaría vivirla y qué esperas haber aprendido y disfrutado en esos próximos 5 años.

Anótalo en tu cuaderno o app personal. Puedes releerla dentro de un año y ver cuánto de ese deseo se ha ido convirtiendo o no en realidad. Ahí puedes ir ajustando tu plan (o tus metas originales).

## b) Mantén viva la chispa de la curiosidad

La curiosidad es una de las fuerzas más poderosas que poseemos a cualquier edad. Enciende la mente, abre nuevos caminos y te conecta con la vitalidad. En esta etapa de la vida, mantener vivo el deseo de descubrir debe ser el motor que renueve tu energía día tras día.

La clave es salir de la rutina. Puedes empezar con cosas pequeñas: probar una receta que nunca hayas preparado, tomar una ruta de paseo diferente, leer sobre un tema que conoces poco o escuchar música de otro país. Todo esto alimenta tu mente y refresca tu manera de mirar las cosas. Aunque parezca poco, esos pequeños cambios de rutina te ayudaran a romper la costumbre de 40 años condicionado a hacer las cosas de acuerdo con procesos, reglas, requerimientos externos.

No subestimes lo transformador que puede ser simplemente abrirte a algo nuevo. La curiosidad, lejos de ser infantil, es una forma madura de mantenerte conectado al presente y al mundo cambiante que nos rodea.

Ejercicio 1 - Tu día de descubrimiento - Elige un día a la semana y decláralo tu "día de curiosidad". Ese día harás algo completamente nuevo. No tiene que ser complicado: cocina un plato que nunca hayas probado, lee un artículo sobre un tema poco familiar, visita un lugar nuevo de tu ciudad o escucha un género musical que nunca hayas experimentado.

Anótalo en tu cuaderno o app personal: ¿Qué hiciste? ¿Cómo te sentiste? ¿Qué aprendiste o qué te sorprendió?

Ejercicio 2 - Diario de curiosidad - Comienza un "diario de curiosidad". Cada semana, anota al menos una experiencia nueva que hayas tenido, por pequeña que sea. Podría ser una conversación diferente, una película inusual, un paseo por un lugar nuevo, un plato nuevo que preparaste, una vecina o un vecino con quien conversaste por primera vez, etc. Este diario se convertirá en un reflejo de tu capacidad de exploración y en una fuente de ideas para seguir descubriendo.

### c) Aprende siempre; aprende de forma diferente.

El aprendizaje continuo es, en muchos sentidos, como el ejercicio físico: hay que practicarlo de forma constante para fortalecer tus "músculos del pensamiento", manteniendo la mente activa, fresca y ágil. Además, te brinda nuevos conocimientos y habilidades que te permiten interactuar con personas de diferentes edades, ideas y experiencias, enriqueciendo no solo tus capacidades sino también tus conexiones sociales.

Ya lo hemos dicho: durante tu vida laboral, probablemente dominaste un área de conocimiento, o una habilidad requerida en tu función, y te convertiste en una persona experta o líder en tu campo. Pero ahora, en esta nueva etapa, el reto es distinto: volver a ser aprendiz, con la humildad y la apertura de quien sabe que siempre hay algo nuevo por descubrir.

Y lo mejor es que hoy el aprendizaje puede tomar muchas formas. Ya no se trata solo de sentarte en un aula o inscribirte en un curso formal (aunque eso también está bien), sino de explorar otros formatos más abiertos y creativos: tutoriales, blogs, audiolibros, videos cortos, conferencias en línea, clubes de lectura o incluso conversaciones con personas de tu entorno que saben del tema que te interesa.

Puedes combinar estudio individual con espacios colaborativos, contenido digital con experiencias prácticas. El objetivo no es acumular diplomas, sino nutrir tu mente y tu espíritu, mantener la curiosidad y, por qué no, descubrir nuevas pasiones.

Ejercicio 1 - Tu menú de aprendizaje - Revisa tus notas sobre las cosas que siempre has querido aprender, pero para las que nunca encontraste tiempo para explorarlas. Incluye tanto temas amplios (como historia, fotografía y salud holística) como habilidades específicas (como usar una herramienta digital, escribir cuentos breves o hacer sushi).

Elige uno y encuentra tres formas diferentes de aprenderlo: por ejemplo, un blog, un canal de YouTube, un curso gratuito o una charla TED. Prueba un enfoque diferente del que has usado antes. Atrévete a salir de tu zona de confort. Anótalo en tu cuaderno o aplicación personal y registra qué método te resulta más fácil de usar o más inspirador.

Ejercicio 2 - Explora sin reglas - Dale un giro más creativo: En lugar de buscar un curso, comienza explorando un tema sin ninguna estructura, guiándote solo por tu interés. Por ejemplo, si te interesa el arte japonés, podrías ver documentales, leer artículos, hablar con alguien que haya viajado a Japón o visitar una exposición local.

Permítete seguir los caminos que vayan surgiendo. Tras un par de semanas, escribe o graba un breve resumen: ¿Qué aprendiste? ¿Qué llamó tu atención? ¿Te gustaría seguir explorando este tema o probar con otro?

Anótalo en tu cuaderno o aplicación personal: este ejercicio no solo te entrena para aprender, sino que también te conecta con tu estilo personal de descubrimiento.

### d) Traza tu ruta de crecimiento

Ya hemos establecido que ahora estás en una etapa en la que puedes elegir cómo invertir tu tiempo, tu energía y tus capacidades con más libertad que nunca. Y precisamente por eso, vale la pena preguntarte: ¿cómo quieres seguir creciendo? Porque ahora puedes hacerlo desde un lugar más auténtico, enfocado en lo que de verdad te hace sentir bien.

Recuerda: ya no persigues ascensos, evaluaciones ni reconocimientos externos. Ahora se trata de crecer hacia adentro y en la dirección que tú elijas: mejorar tu salud, desarrollar una práctica espiritual, aprender a escribir cuentos breves, explorar un nuevo idioma o cultivar un huerto urbano. Lo que decidas será válido, siempre que conecte con tus intereses y te motive de verdad.

Trazar una ruta de crecimiento no tiene que ser rígido ni excesivamente ambicioso. Basta con que funcione como una brújula personal, una referencia que te ayude a orientarte y a mantener la motivación. Pensar en pequeños logros semanales o mensuales también te ayudará a disfrutar más del camino, en lugar de preocuparte por "llegar" a alguna meta final.

Ejercicio 1 - Tres metas con propósito - Usando las listas que creaste durante las etapas de reflexión mencionadas antes, piensa en tres áreas de tu vida que te gustaría mejorar durante los próximos seis meses. Pueden ser tan simples como "caminar 30 minutos al día" o "leer un libro al mes", o tan ambiciosas como "aprender a tocar un instrumento" u "organizar una exposición de fotos".

Para cada meta, escríbela en tu cuaderno o aplicación personal:

- ¿Por qué te gustaría lograr esto?
- ¿Qué paso concreto puedes dar esta semana para empezar?
- ¿Qué obstáculo podrías encontrar y cómo lo superarías?

Ejercicio 2 - Diseña tu hoja de ruta personal - Ahora elige una de las tres metas que definiste en el ejercicio anterior —la que más te entusiasme, te intrigue o, simplemente, por la que te resulte más fácil empezar—. El reto es convertir esa intención en un plan concreto, con metas realistas y fechas aproximadas.

- Paso 1: Visualiza tu meta cumplida. ¿Qué estaría ocurriendo? ¿Cómo te sentirías?
- Paso 2: Divide el camino en etapas:

  - Al mes: primer avance tangible (por ejemplo, asistir a clases con regularidad, haber completado una rutina básica, etc.).
  - A los tres meses: ya habrás superado la fase inicial. ¿Qué cambios notarías? ¿Qué nuevo reto podrías asumir?
  - En seis meses, ¿cómo aplicarías lo que has aprendido? ¿Te sentirías con más confianza y más entusiasmo?
  - Dentro de un año: visualiza un nuevo comienzo o ciclo: ¿harías una presentación? ¿Compartirías tu experiencia con otras personas? ¿Te animarías a llevar las cosas a un nivel más avanzado?
- Paso 3: Repite el ejercicio con las otras dos metas. No todas tienen que tener la misma estructura, ya que cada una requerirá tiempos y esfuerzos diferentes. Unas pueden requerir más preparación; otras fluirán más rápido. Lo importante es tener una dirección y no dejar tus deseos en el aire.
- Paso 4: Escríbelo. Anótalo todo en tu cuaderno o aplicación personal. Esta será tu hoja de ruta personal para los próximos meses. Recuerda: no estás atado al plan; podrás ajustarlo cuando lo necesites. Pero tenerlo por escrito te dará claridad, motivación y una sensación concreta de avance.

### e) Construye conexiones con propósito

Una de las transformaciones más profundas en esta etapa de la vida ocurre en nuestras relaciones. Ya no se trata solo de mantener los mismos vínculos, sino de construir nuevas conexiones que apoyen esta versión renovada de ti.

Participar en grupos o espacios donde compartes intereses no solo amplía tu perspectiva, sino que también puede sumar una nueva dimensión a tu proceso de crecimiento. Hablar con otras personas que están en caminos similares, compartir lecciones o simplemente sentir que te escuchan puede tener un enorme valor emocional.

Además, construir comunidad fortalece el sentido de pertenencia, uno de los pilares clave para una jubilación plena. No estás solo en esta etapa. Se estima que en 2025 un promedio de **11,000 estadounidenses por día** cumple 65 años, la edad tradicional de jubilación, marcando un **récord demográfico** en Estados Unidos, y creando una comunidad creciente de personas que, como tú, están redefiniendo su propósito y buscando nuevas formas de conectar y crecer.

Mientras en Estados Unidos más de 11,000 personas cumplen 65 años cada día, cambio es aún más profundo en América Latina y el Caribe, donde según datos publicados por CEPAL (Comisión Económica para América Latina y el Caribe) y el Banco Interamericano de Desarrollo (BID), la población mayor de 60 años —que ya supera los 88 millones— está creciendo a un ritmo del 3.4% anual, creando una necesidad urgente de reinvención con propósito. Se espera que para el año 2030, la población mayor de 60 años en América Latina alcance el 16.5%. Esto representa un universo inmenso de experiencias, historias y afinidades con las que puedes conectar.

Y no solo eso: a medida que explores nuevas actividades, ya sean clases de arte, voluntariado, talleres de escritura o caminatas en grupo, te encontrarás compartiendo con personas —jóvenes y mayores— que también comparten intereses similares. Esas personas también buscan relaciones significativas y nuevas formas de construir comunidad.

Esta etapa no solo es una oportunidad para reconectar contigo mismo, sino también para reconectar con otras personas desde un lugar diferente: más auténtico, más relajado y más abierto.

Ejercicio 1 - Mapa de conexiones - Haz una lista en tu cuaderno o aplicación personal de 10 a 15 personas con quienes te gustaría conectar, conocer mejor o compartir esta nueva etapa. Incluye a desconocidos que son relevantes en áreas que tienes interés de aprender, o personas nuevas que hayas conocido recientemente.

Al lado de cada nombre, escribe:

¿Qué te gustaría compartir o conversar con esta persona? ¿Cuál sería un primer paso para acercarte (mensaje, llamada, reunión)? ¿Qué tipo de vínculo te gustaría construir o reconstruir? ¿Quién dentro de su círculo actual podría facilitar el contacto con aquella persona desconocida que te interesa?

Elige una o dos personas por semana y actúa. El simple acto de establecer (o reanudar, si hace falta) contacto puede abrir puertas a relaciones muy valiosas.

Ejercicio 2 - Encuentra tu tribu - Piensa en una actividad o interés que hayas comenzado a explorar (p. ej., jardinería, escritura, senderismo, meditación, aprendizaje de nuevas tecnologías, etc.). Investiga al menos dos grupos o comunidades, presenciales o en línea, relacionados con ese tema.

¿Qué ofrecen? ¿Cómo podrías participar? ¿Qué nivel de compromiso se requiere?

Elige uno y asiste a una reunión o evento. Puede ser una charla, una clase, o un encuentro informal. Anótalo en tu cuaderno o app personal: registra cómo fue la experiencia, qué te llamó la atención, cómo te sentiste y si crees que este grupo podría tener un lugar en tu vida en esta etapa. Planea y decide cual será el siguiente paso.

### f) Sé flexible y mantente ágil

Una de las habilidades más valiosas que puedes cultivar en esta etapa de tu vida es la flexibilidad: mental, emocional y práctica. No estamos hablando de hacer yoga todos los días—aunque no sería una mala idea—sino mantener una mente abierta, con la capacidad de adaptarte, probar cosas nuevas, soltar ideas fijas que quizás ya no te sirvan y, con buen ánimo, improvisar cuando cambien los planes.

Durante la vida laboral, la estructura era parte del juego: horarios, metas, informes, supervisores. Todo tenía un orden que, aunque a veces agotaba, también brindaba cierta seguridad. Pero ahora tú pones las reglas. Y eso, aunque suena liberador (y lo es), también puede sentirse incierto, y hasta posiblemente incómodo para algunos..

Por eso, la agilidad emocional y mental se vuelve un recurso clave. Eso significa aceptar que no todo saldrá como lo planeaste, que a veces no te gustará una clase, una actividad no te llenará, un grupo no te motivará... y está bien. La clave no es aferrarse, sino redirigir después de haberle dado una oportunidad justa, con esfuerzo y tiempo suficiente para de ser evaluado.

Pensar "ya es demasiado tarde para cambiar" es una trampa, o una salida fácil. De hecho, nunca ha sido más oportuno hacerlo que ahora, cuando tus decisiones ya no dependen de presiones externas y puedes darte permiso para probar, fallar, cambiar de opinión, intentarlo de nuevo y seguir adelante.

Ejercicio 1 - Reescribe el guion - Piensa en un momento reciente en el que te sentiste frustrado o frustrada porque algo no salió como esperabas. Podría ser una clase que no te gustó, una persona que no respondió como esperabas, o una actividad que no te motivó. Escríbelo en tu cuaderno o app personal y responde:

- ¿Cuál era tu expectativa?
- ¿Qué sucedió realmente?
- ¿Qué puedes aprender de esta diferencia?
- ¿Cómo podrías reinterpretar ese momento con una perspectiva más flexible?

Ejercicio 2 - Da un giro a tu plan actual - Revisa tus actividades o planes actuales y elige uno en el que puedas hacer un cambio significativo, o incluso pequeño. ¿Puedes cambiar tu enfoque? ¿Hacerlo en un momento diferente? ¿Involucrar a alguien más? ¿Encontrar un método alternativo? Pon ese cambio en práctica esta semana.

Al finalizar los próximos 7 días, anótalo en tu cuaderno o app personal: ¿Cómo afectó este cambio tu experiencia? ¿Fue un impulso positivo? ¿Qué aprendiste sobre tu capacidad de adaptarte y qué harías diferente la próxima vez?

## g) Celebra cada logro

En esta etapa de la vida, es fácil pasar por alto los pequeños avances, como si ya no merecieran tanta atención. Sin embargo, es precisamente ahora cuando tienen más valor. Cada paso que das hacia tu bienestar, tu aprendizaje o tu disfrute es evidencia concreta de que sigues activo o activa, con curiosidad y en movimiento. Reconocer estos logros, por modestos que parezcan, no solo impulsa tu autoestima; también refuerza tu motivación y alimenta tu entusiasmo por seguir explorando.

¿Cocinaste una receta nueva, aunque el resultado no fuera perfecto? ¿Terminaste ese libro que tenías en pausa desde hacía meses? ¿Te animaste a llamar a alguien con quien no habías hablado en un tiempo? ¿Tomaste una clase por primera vez, aunque tuvieras un poco de duda? Todos esos momentos son motivo de celebración. No te niegues el gusto de reconocerlo y celebrarlo.

No se trata de grandes hazañas ni de reconocimientos externos. A veces, con solo darte tú mismo "una palmada en la espalda", anotar ese pequeño triunfo en tu cuaderno o app personal, o compartirlo con alguien cercano a ti basta. Estos gestos sencillos son poderosos; te recuerdan que estás comprometido o comprometida contigo, que te das tu propio crédito y que agradeces tu propia perseverancia, valentía y vitalidad.

Además, cada pequeño logro actúa como chispa; enciende el deseo de seguir intentando, de seguir avanzando, incluso cuando los días son más lentos o tu entusiasmo flaquea un poco. Celebrar no es un lujo; es parte del combustible emocional que necesitas para sostener este camino.

Ejercicio 1 - Frasco de logros - Busca un frasco bonito y colócalo en algún lugar visible de tu hogar. Cada vez que consigas algo que te haga sentir bien—por pequeño que sea—escribe una nota breve con la fecha y lo que lograste, y guárdala allí. También puedes poner un billete pequeño en el frasco junto con la nota. Tu logro podría ir desde "Salí a caminar 30 minutos" hasta " por fin organicé mis fotos familiares", "Pude conectar con la persona X", "Terminé un curso", "Escribí un capítulo nuevo de mi libro", y así sucesivamente. Después de unos meses, abrir ese frasco será como leer una carta de amor a tu propio crecimiento. Si juntaste algo de dinero, ve y gástalo en comprar algo que disfrutes (café, helado, etc.).

Ejercicio 2 - Tu ritual de revisión mensual - Al final de cada mes, tómate un momento de calma para revisar lo que escribiste en tu cuaderno, app personal o en las notas de tu frasco de logros. Elige uno o dos de esos momentos que más te conmovieron, te sorprendieron o te desafiaron. Luego, haz esto: escríbete una nota breve a tu yo del futuro contándole por qué ese logro fue importante y cómo te hizo sentir. Si te sientes con valor, comparte uno de esos logros con alguien de tu confianza. Puede ser una conversación, una llamada telefónica o incluso un mensaje de texto. A veces, decirlo en voz alta reafirma su valor.

Este ejercicio te ayudará a honrar tu camino, fortalecer tu autoestima y crear lazos emocionales con quienes te rodean.

Anótalo en tu cuaderno o app personal: ¿Qué descubriste al revisar el mes? ¿Qué te sorprendió? ¿Qué te gustaría seguir cultivando?

## RESUMEN DEL CAPÍTULO:

En este punto, sin duda está claro que el crecimiento verdadero no termina con la jubilación; apenas comienza a transformarse. Este capítulo te ha acompañado a través de dos procesos clave y complementarios: abrirte al mundo con curiosidad y mirar hacia dentro con una mentalidad más flexible y renovada.

**"Reinventar y modificar tu manera de pensar"** representa una transición crucial y dinámica en el camino hacia una jubilación plena y con propósito. Tras dedicar los capítulos iniciales a la introspección profunda, el descanso necesario y la redefinición de valores, este capítulo anima a pasar de la mera reflexión a la acción concreta. Se trata de tomar todo el autoconocimiento adquirido y las herramientas descubiertas y aplicarlos para dar forma a una versión más libre, más auténtica y actualizada de ti. El capítulo no solo aborda lo que hay que hacer, sino también cómo hay que pensar para abrazar plenamente esta etapa transformadora.

La primera parte del capítulo, "Explorar sin miedo ni límites", invita a una inmersión activa en nuevas áreas de interés y pasiones, tanto aquellas que pudieron haber quedado en pausa durante la vida laboral como las que emergen por primera vez. Se enfatiza que este crecimiento personal es ahora más interno y libre, sin la presión de ascensos o credenciales. La clave está en la curiosidad, la apertura y la disposición a experimentar. Se anima a las y los lectores a crear un "Diario de pasiones dormidas" para identificar estos intereses latentes y a desarrollar "Planes de acción" con pasos pequeños y concretos que permitan comenzar la exploración dentro de las 72 horas. La inmersión en información es presentada como un paso vital, proponiendo "semanas de exploración temática" y la búsqueda de "conexiones significativas" con personas expertas o entusiastas. La sección celebra la "alegría de experimentar", animando a participar en talleres y clases sin la presión de la perfección y a crear un "espacio de exploración" personal en casa. Reconocer y "aceptar la curva de aprendizaje" es fundamental, entendiendo que ser principiante es una oportunidad de reinvención, documentando descubrimientos y revisando los avances mensualmente. La capacidad de "reflexionar y reajustar" es crucial, permitiendo a la persona lectora decidir qué caminos continuar y cuáles dejar ir sin ningún sentimiento de culpa. Por último, destaca la importancia de "comunicar y colaborar" con otras personas para mantener la motivación y ampliar la red de apoyo, así como la necesidad de ser "flexible y ágil" para adaptarse a los cambios y sorpresas en el camino, celebrando cada pequeño logro como combustible para la continuidad.

La segunda parte, **"Reprogramar tu forma de pensar y abrazar el cambio"**, se centra en la transformación mental necesaria para complementar la acción. Reconociendo la resistencia humana al cambio y las ideas profundamente arraigadas tras décadas de vida laboral, esta sección invita a romper viejos patrones y a ver la vida desde una perspectiva renovada. El primer paso es "dar la bienvenida a este nuevo viaje con entusiasmo", imaginando la jubilación como un viaje lleno de posibilidades, no un final. Se promueve la creación de un "tablero de visión" y la escritura de una "carta a tu yo del futuro" para solidificar estas aspiraciones. Mantener viva la "chispa de la curiosidad" es un motor diario, proponiendo "días de descubrimiento" y un "diario de curiosidad" para nutrir la mente con nuevas experiencias. El capítulo enfatiza la importancia de "aprender siempre, aprender de manera diferente", explorando formatos de aprendizaje variados y aprovechando la tecnología, como la inteligencia artificial, para ampliar conocimientos y habilidades. Guía a la persona lectora a "trazar su ruta de crecimiento" con metas personales y un plan de acción que se adapte a sus ritmos y deseos. Construir "conexiones con propósito" es esencial, promoviendo el vínculo con nuevas comunidades y lazos que nutran esta identidad renovada. Por último, reitera la necesidad de "ser flexible y mantenerse ágil" ante lo inesperado y de "celebrar cada logro", por pequeño que sea, como una forma de impulsar la autoestima y mantener la motivación.

En resumen, el capítulo 7 es una invitación poderosa a crear un plan para la reinvención activa. Ofrece un marco dual que combina la exploración externa de nuevas pasiones y conocimientos con una reconfiguración interna profunda de la mentalidad. Al integrar acción, curiosidad, adaptabilidad y la celebración de pequeños logros, el capítulo empodera a las personas jubiladas para diseñar y vivir una vida con propósito, alegría y autenticidad, recordándoles que el mejor capítulo de su historia seguramente está aún por escribirse.

Este plan no tiene por qué ser rígido. Al contrario, es una hoja de ruta flexible que puedes ajustar, ampliar o reducir según cómo te sientas. Lo importante es que refleje tu deseo de moverte, crecer y reinventarte con intención.

Recuerda: no se trata de hacerlo perfecto, sino de hacerlo con curiosidad, honestidad, consistencia, y con ganas de vivir con propósito. Reinventarte no es una exigencia; es una posibilidad real que puedes ejercer en cualquier momento.

Y si aún tienes dudas, piensa en personas como:

*Laura Ingalls Wilder: Conocida principalmente como la autora de la serie de libros "La casa de la pradera". Esta ficción histórica, basada en sus propias experiencias de infancia como pionera en el Medio Oeste estadounidense, ha influido enormemente en la idea popular de la frontera americana y se ha convertido en un clásico de la literatura infantil. En 1932, publicó su primer libro, a los 65 años, y completó su serie en 1943, a los 76 años, encontrando su voz y una nueva vocación a una edad en la que muchos pensarían que ya era tarde para empezar algo nuevo.*

*El coronel Sanders: Su nombre real era Harland David Sanders. Es conocido principalmente como el fundador de la cadena de restaurantes de comida rápida Kentucky Fried Chicken (KFC). Su imagen, con su característico traje blanco, bigote y corbatín, sigue siendo el símbolo icónico de la marca. Pocos saben que, tras muchas dificultades personales y profesionales, creó la franquicia KFC a los 62 años, demostrando que una receta con historia puede convertirse en un legado global, y en un "segundo acto" de éxito, ya que se mantuvo activo, directamente involucrado como "embajador e imagen de marca" viajando hasta 250,000 millas al año hasta el momento de su muerte, a los 90 años .*

Historias como estas nos recuerdan que la reinvención no tiene fecha de caducidad y que, a menudo, el mejor capítulo empieza justo cuando creemos que el libro ya está escrito.

Y tú, ¿qué nueva historia estás listo o lista para contar?

# CAPÍTULO 8

## R8- REDESCUBRIR PROPÓSITO Y RELACIONES

---

"Aunque nadie puede regresar al pasado y comenzar completamente de nuevo, cualquiera puede empezar a partir de ahora y crear un gran final, completamente nuevo."

CARL BARD (A MENUDO, ATRIBUIDA A JAMES R. SHERMAN)

---

### *PETE PETERSON: DE AGENTE DEL FBI A PROFESOR DE MÚSICA A LOS SESENTA Y TRES*

*Imagina una vida definida por la precisión, la investigación y la búsqueda de la justicia. Durante décadas, Alan H. "Pete" Peterson (no su nombre verdadero) encarnó esto, dedicando su vida a una carrera rigurosa y distinguida como agente del FBI. Sus días estaban llenos de análisis de datos, investigaciones complejas y toma de decisiones críticas—un camino que exigía un enfoque y una disciplina inquebrantables. Sin embargo, cuando llegó el momento de su jubilación, en lugar de optar por un merecido descanso, una vida tranquila o simplemente reflexionar sobre sus logros, Pete eligió un camino que sorprendió a muchos: se inscribió en el Berklee College of Music, una de las escuelas de música más prestigiosas del mundo, ubicado en Boston, MA. Imagina el cambio radical que debió haber enfrentado: del mundo intenso y estructurado de la aplicación de la ley federal al ámbito fluido y expresivo de la teoría y la composición musical. Pete no solo hizo una prueba; se sumergió por completo en este nuevo mundo, abrazando el desafío de volver a ser estudiante. Se graduó de Berklee, testimonio de su dedicación, y luego se dedicó de lleno a la enseñanza y a la creación musical. Su travesía es más que una anécdota personal; es un poderoso testimonio de que la jubilación no es un cierre, una disminución ni una última llamada al telón, sino una apertura vasta y emocionante. Es una etapa donde el guion es enteramente tuyo para escribir. La notable reinvención de Pete Peterson, al pasar de la gravedad y la seriedad de un agente federal a la vibrante creatividad de un músico y profesor, demuestra con fuerza que es absolutamente posible cambiar radicalmente de profesión y rede- finir tu propósito central, sin importar la edad. Su vida nos inspira a ver la jubilación no como un retiro pasivo, sino como una etapa dinámica y vibrante para nuevas posibilidades, donde puede hallarse un sentido profundo y una alegría genuina en territorios completamente inexplorados, muy más allá de los límites de tu carrera anterior.*

A lo largo de nuestra vida adulta, nuestra existencia estuvo estrechamente ligada a estructuras externas: el trabajo, las responsabilidades familiares o las metas sociales impulsadas por el deber y la productividad. Muchas veces, nuestra identidad, nuestro ritmo diario y nuestro sentido de valía estaban profundamente arraigados en estos roles. Sin embargo, llega un momento—y para muchas personas, ese momento es ahora—en que estos anclajes externos comienzan a desvanecerse, y nos enfrentamos a una pregunta esencial: "¿Que me motiva a seguir queriendo despertar cada mañana?" "¿Qué me apasiona realmente ahora?" "¿Qué deseo construir con la nueva libertad y el tiempo que tengo hoy?"

Hasta ahora, te hemos acompañado en un proceso profundo de introspección, renovación de energía, resignificación de tus valores y una apertura a nuevas posibilidades. Has empezado a reconocer viejos arrepentimientos, a redefinir qué significa el éxito para ti y a explorar pasiones latentes. A medida que has avanzado por estas "Rs", algo profundo comienza a destacar con fuerza en esta etapa: la innegable necesidad de un nuevo propósito. No se trata de un propósito impuesto desde fuera, como a menudo ocurría en la vida laboral, sino de uno propio, elegido desde una posición de profunda madurez, experiencia acumulada y un deseo auténtico de vivir con significado profundo.

Este capítulo es una invitación a reimaginar tu vida con lentes completamente nuevos. Reinventar el propósito no es empezar desde cero, como si tu pasado no existiera. Por el contrario, se trata de usar con poder todo lo que eres, todo lo que sabes y todo lo que has vivido, tus talentos únicos, tu sabiduría ganada con esfuerzo y tus experiencias de vida, tanto triunfos como desafíos, para construir una nueva etapa más auténtica, más libre y profundamente alineada con lo que de verdad te mueve hoy. Ya no hay un jefe que determine tus metas, ya no hay una carrera que marque el ritmo. Ahora, tú eres la única directora o el único director de tu orquesta; tú decides los ritmos, los objetivos y el significado profundo de tus días.

Reinventarnos un propósito no debe verse como una obligación ni como una tarea pesada y gravosa. En cambio, es un proceso creativo, inspirador y un proceso profundamente personal de autodescubrimiento y creación intencional. Aquí te proponemos un recorrido por cuatro áreas amplias e interconectadas en las que puedes redescubrir y cultivar activamente el sentido: tu visión personal, tu salud y bienestar, tus relaciones y tu posible participación profesional desde un lugar completamente diferente.

Cada sección ofrece ideas prácticas, reflexiones amables y ejercicios orientados a la acción diseñados para ayudarte a encontrar lo que realmente resuena contigo. No necesitas hacerlo todo de inmediato ni a la perfección. Lo importante es seguir avanzando, mantener la mente abierta para explorar nuevos caminos y conservar la disposición de construir con paciencia un propósito que de manera constante te aporte alegría, energía y una profunda sensación de paz.

## CREAR UNA NUEVA VISIÓN

### a) Introspección y definición de una nueva visión

Reinventarte empieza con una pausa. Después de años de agendas implacables, exigencias externas y, a menudo, de poner primero las necesidades de otras personas, detenerse puede sentirse casi ajeno. Sin embargo, antes de decidir hacia dónde avanzar, esa pausa es absolutamente esencial: un momento sagrado para mirar de verdad hacia adentro. Esta etapa única de la vida ofrece una oportunidad sin paralelo para hacerte preguntas fundamentales que quizás quedaron relegadas durante décadas: "¿Qué deseo realmente hacer con el tiempo precioso que ahora tengo?" "¿Qué sentido más profundo quiero darle a mis días, más allá de las obligaciones del pasado?" "¿Quién quiero ser ahora, libre de antiguas expectativas o roles?"

Durante mucho tiempo, muchas de nuestras metas estuvieron marcadas en gran medida por los requerimientos del trabajo, las responsabilidades familiares o las expectativas externas sobre cómo debía ser el éxito. Ahora tenemos la libertad de construir una visión enteramente en nuestros propios términos: nuestra visión personal. Es una visión que no tiene nada que ver con las promociones, los objetivos trimestrales de productividad ni el reconocimiento externo. En cambio, está profundamente arraigada en nuestro bienestar personal, la realización interior y un profundo sentido de significado personal. Se trata de diseñar una vida que irradie desde tus valores y deseos más esenciales.

Visualiza tu vida en esta nueva etapa como un lienzo en blanco, vibrante, amplio y acogedor, listo para ser pintado con tus verdaderas pasiones, intereses y aspiraciones. No se trata de ser pasivo; es tu oportunidad activa de trazar conscientemente un rumbo perfectamente alineado con quién eres hoy, no solo con quien fuiste en tu pasado profesional ni con quien otras personas esperaban que fueras. Se trata de dejar que tu yo auténtico tome prioridad, integrando toda la sabiduría y la experiencia que has acumulado para crear una vida que se sienta profundamente satisfactoria y auténticamente tuya. Abraza este momento para escuchar tu brújula interior y soñar en grande, sabiendo que tienes el tiempo y la sabiduría para hacer realidad esos sueños.

Ejercicio 1 - Tu espacio de introspección: Elige una tarde tranquila y dedica tiempo exclusivo y sin interrupciones a esta introspección. Haz de ello un ritual: quizás prepara tu té o vaso de vino favorito, pon música suave o simplemente siéntate en un lugar apacible en la naturaleza. Escribe todo en tu cuaderno o app personal. Revisa tus notas y reflexiones de capítulos previos: ¿qué temas se repiten? ¿Qué tendencias o patrones aparecen? ¿Qué aprendizajes se han asentado? Identifica el tipo de experiencias que AHORA te gustaría vivir y las cualidades personales que quieres desarrollar o fortalecer. Si te resulta útil, conversa con personas de confianza (amigos, mentores, guías) que puedan ayudarte a ordenar ideas o descubrir nuevas perspectivas. Recuerda elegir personas que sepan escuchar y que ofrezcan perspectivas constructivas, no solo validación.

Ejercicio 2 - Tu declaración de visión personal: Aunque los tableros de visión pueden ser útiles, para esta etapa proponemos un ejercicio más introspectivo y maduro: escribe una "declaración de visión personal". En una o dos páginas, describe cómo te gustaría que fuera tu vida en uno, tres o cinco años (o escribe una página para cada uno de esos tres hitos). No te preocupes por que quede perfecto; lo importante es capturar la esencia de lo que te haría sentir realizado y alineado contigo. Revísala y, si es necesario, reescríbela cada seis meses, observando cómo evolucionan tu perspectiva y tus prioridades.

## b) La salud como base de todo

No hay propósito sostenible sin energía vital. No es solo una afirmación filosófica; es una verdad práctica. Tu salud física, mental y emocional es el terreno fértil sobre el cual puedes construir todo lo demás en este nuevo capítulo. Piénsala como el motor que impulsa tu capacidad para perseguir nuevas pasiones, profundizar relaciones y contribuir de manera significativa. Reinventarte con un nuevo propósito en la jubilación requiere, sin duda, una revisión consciente y honesta de tu estado actual de salud. Esto implica no solo reconocer tus fortalezas y áreas de bienestar existentes, sino también abordar con compasión aquellas áreas que necesitan más cuidado o atención. Porque sentirte bien en tu cuerpo y en tu mente no solo se traduce en bienestar general; impacta directamente en tu claridad de pensamiento, tu motivación para implicarte y tu capacidad misma de disfrute en todos los aspectos de tu vida. Sin esta energía vital y sin salud,hasta los propósitos nuevos más emocionantes pueden parecer fuera de alcance.

No es momento de imponerte rutinas estrictas y castigadoras ni de adoptar ciegamente modelos externos de "salud perfecta" que quizás no se ajusten a ti. Más bien, se trata de crear una forma personalizada y sostenible de cuidarte que se sienta accesible, realista y genuinamente disfrutable. La salud, en esta etapa de la vida, no se mide por alcanzar la perfección física ni por compararte con otras personas. Se mide, más bien, por la energía vibrante que tienes disponible para hacer lo que realmente te importa, ya sea viajar, pasar tiempo con tus nietos, dedicarte a un hobby exigente o hacer voluntariado por una causa en la que crees. Se trata de optimizar tu capacidad para vivir plena y gozosamente, día a día. Este enfoque holístico implica nutrir tu cuerpo físico mediante el movimiento y la alimentación, calmar tu mente con prácticas como la atención plena y cuidar tu bienestar emocional a través de vínculos significativos y la autocompasión. Es un proceso continuo y amable de sintonizar con tus propias necesidades y responder con cuidado, asegurando que tu base sea lo bastante sólida para sostener todos los maravillosos propósitos que estás listo para abrazar.

Ejercicio 1 - Tu revisión integral de salud: Realiza una evaluación honesta de tu estado actual de salud. Escríbela en tu cuaderno o app personal. ¿Cómo te sientes en términos de energía, descanso, movilidad, digestión y estado emocional? ¿Cuándo fue la última vez que te hiciste un examen médico completo y revisiones preventivas? ¿Has hecho visitas de seguimiento con los médicos que estén tratando alguna dolencia o molestia? Con esta base, diseña una rutina semanal que incluya al menos tres elementos esenciales: movimiento (como caminatas, estiramientos o yoga), alimentación equilibrada (sin irte a los extremos, solo ser más consciente) y verdaderas pausas de descanso. Ajusta esta rutina cada semana, observando cómo responde tu cuerpo.

Ejercicio 2 - Tu día de atención plena: Elige un día de la semana para vivirlo como un "día de atención plena". Diseña ese día como un día dedicado a escucharte. Realiza tus actividades habituales con total atención: come sin pantallas, camina notando tus alrededores y haz pausas para respirar con intención. Incluye también momentos de movimiento suave, buena alimentación y descanso sin sentimientos de culpa. Al final del día, escribe en tu cuaderno o app personal: ¿Cómo te sentiste? ¿Qué notaste de manera diferente? ¿Qué impacto tuvo en tu estado de ánimo y en tu cuerpo? Este día puede convertirse en un hábito nuevo y regenerador.

## c) Fortalecer los lazos: cultivar las relaciones

Reinventar tu propósito no es una tarea egoísta ni individual; es profundamente humana. Como seres sociales, nuestro bienestar está íntimamente vinculado a la calidad de nuestras conexiones con otras personas. Las relaciones que construyes —y que a menudo reconstruyes de forma hermosa— en esta etapa de la vida pueden convertirse en una de las mayores fuentes de bienestar, profunda inspiración y significado duradero. Al final del día, cuando miramos atrás, lo que de verdad recordamos y más atesoramos no son solo las metas alcanzadas o los reconocimientos recibidos, sino las risas compartidas, el apoyo brindado, los momentos callados de comprensión y la variedad de personas con quienes compartimos el camino.

Durante muchos años, la estructura de nuestra vida determinó en gran medida nuestras relaciones. Gran parte de nuestras interacciones sociales estaban directamente vinculadas al entorno laboral, colegas, clientes, redes profesionales o eran influenciadas por la dinámica de criar a una familia. Aunque estos lazos fueron fundamentales, a menudo dejaban poco espacio para desarrollar conscientemente otros vínculos. Ahora, con la jubilación, se presenta un amplio espacio para decidir con quién compartir tu tiempo, proyectos y sentimientos más profundos. Es una oportunidad ideal para fortalecer los lazos existentes con familiares (como tu esposa, tus hijos, y tus nietos ), redescubrir con alegría amistades antiguas que tal vez se atenuaron por agendas apretadas, o abrirte con entusiasmo a nuevas conexiones con personas que compartan genuinamente tus intereses, valores y pasiones en desarrollo.

El enfoque aquí no está en tener más conexiones, sino en construir vínculos más significativos. ¿Qué hace que una relación sea realmente valiosa? Son aquellas que te inspiran a ser tu auténtico yo, respetan tu tiempo y ritmos en cambio, y constantemente te brindan alegría, compañía, estímulo intelectual o crecimiento personal. Estas relaciones se fundamentan en el respeto mutuo, la escucha activa, las experiencias compartidas y un cuidado genuino. Ofrecen un apoyo esencial, un espacio para nuevas ideas y una fuente de consuelo y alegría. Porque en esta etapa de la vida, más que nunca, mereces relaciones que realmente aporten valor, enriquezcan tus días y afiancen tu sentido de pertenencia y propósito. Se trata de crear un ecosistema social dinámico que apoye tu jubilación plena.

Ejercicio 1 - Tu mapa de relaciones: Crea un «mapa de relaciones» en tu cuaderno o en tu aplicación personal. Dibuja círculos o escribe listas por separado con distintas categorías: familia (cercana y extendida), amistades cercanas (tanto actuales como aquellas con las que has perdido el contacto), compañeros de actividades (de aficiones o deportes como golf, tenis, pickleball, caminatas o ciclismo) y nuevos contactos (nuevos vecinos, personas de cursos o grupos comunitarios). Reflexiona: ¿Con quién te sientes más tú mismo/a? ¿Qué relaciones te gustaría fortalecer o profundizar? ¿Hay alguien del pasado (compañeros/as de escuela, colegas de trabajos anteriores, grupos sociales que hayas frecuentado recientemente, etc.) con quien te gustaría reconectar después de tantos años? Elige a una persona de cada categoría y pasa a la acción: envíale un mensaje atento, propón un encuentro informal (como salir a caminar) o simplemente comparte algo significativo que te hizo pensar en esa persona.

Ejercicio 2 - Explora nuevas formas de conexión social: Investiga clubes de lectura, grupos de senderismo, talleres creativos, espacios de voluntariado o clases abiertas en tu comunidad que se alineen con tus intereses (como cocina de mayor nivel, ciclismo o pickleball). Elige una de estas opciones y comprométete a asistir a una primera reunión o sesión. Anótalo en tu cuaderno o aplicación personal: ¿Cómo fue la experiencia? ¿Qué descubriste sobre el grupo o sobre ti? ¿Con quién hablaste? ¿Sentiste conexión o curiosidad por volver? A veces, un solo encuentro puede abrir puertas inesperadas a todo un mundo nuevo de relaciones significativas y comunidad.

### d) Participación profesional: contribuir desde otro lugar

En este punto de tu camino de jubilación, puedes encontrarte con una realización profunda: sin duda tienes una riqueza de conocimientos, experiencia y sabiduría para ofrecer al mundo. Décadas puliendo tu oficio, navegando desafíos complejos, o liderando equipos te han dotado de habilidades invaluables que no simplemente desaparecen cuando te apartas del empleo a tiempo completo. Sin embargo, la idea de «volver a trabajar» en los mismos términos exigentes, con horarios fijos, obligaciones rígidas y la presión implacable del pasado, puede resultarte poco atractiva. Es perfectamente comprensible. En su lugar, la jubilación ofrece una oportunidad única y liberadora para explorar nuevas formas de involucrarte profesionalmente, que te permitan compartir tu experiencia, mantenerte intelectualmente activo/a y seguir sintiéndote profundamente útil, pero desde una perspectiva completamente diferente, más intencional y flexible.

No se trata de llenar el tiempo; se trata de canalizar tu sabiduría acumulada hacia areas que realmente resuenen con tu propósito en evolución. Tu participación profesional en esta etapa no tiene por qué significar volver al ritmo de antes ni a sus exigencias habituales. Se trata, más bien, de reimaginar creativamente cómo pueden servir tus habilidades. Tal vez siempre has disfrutado de la resolución de problemas, la mentoría o la estrategia. Ahora puedes buscar oportunidades que aprovechen esas fortalezas sin el estrés o el agotamiento asociado. **Algo clave: aunque el propósito principal aquí es tu realización personal y tu contribución, estas nuevas vías de participación también pueden derivar en oportunidades remuneradas, aportando un complemento bienvenido a tus ingresos de jubilación sin las cargas de un puesto de tiempo completo.**

Considera las diversas maneras en que puedes contribuir:

- **Mentoría:** Una de las formas más directas y gratificantes de compartir tu conocimiento es a través de la mentoría. Puedes orientar a profesionales jóvenes que están comenzando sus carreras, ofrecer ideas a quienes enfrentan nuevos desafíos a mitad de camino o apoyar a colegas que transitan hacia roles diferentes. Esto va más allá de dar consejos; implica escuchar activamente, hacer preguntas reveladoras y ayudar a otros a encontrar su propio camino. Para ti, es una oportunidad de aprender de las nuevas generaciones, mantenerte conectado/a con los cambios en tu campo y experimentar la satisfacción profunda de ver crecer a otros.
- **Juntas asesoras y consultoría:** Tu mente estratégica y tu amplia experiencia son sumamente valiosas para las organizaciones, incluso si no estás en la nómina a tiempo completo. Sumarte a juntas asesoras de startups, organizaciones sin fines de lucro o incluso empresas establecidas te permite contribuir a un alto nivel, ofreciendo orientación sobre estrategia, gobernanza y visión de largo plazo, a menudo con compromisos de tiempo flexibles. Del mismo modo, la consultoría independiente te permite elegir los proyectos que te entusiasmen, aprovechando tus habilidades

especializadas por proyecto, fijando tus propios horarios y tarifas.

- **Enseñanza y formación:** Si tu rol profesional implicó habilidades especializadas que se desarrollan mejor mediante aprendizajes o una formación extensa, considera asumir un puesto formal o informal como docente o formador/a. Esto puede implicar impartir un curso en una universidad o instituto local, dirigir talleres para asociaciones del sector, desarrollar contenido en línea o incluso ofrecer sesiones de formación individuales. Transmitir tu conocimiento invaluable y tus ideas prácticas a la siguiente generación, asegurando un legado duradero en tu campo, a la vez que te permite organizar tu carga de trabajo de una forma acorde con tu estilo de vida en la jubilación.
- **Escritura y conferencias:** Tu carrera sin duda te ha brindado historias únicas, reflexiones e lecciones aprendidas. La jubilación ofrece la oportunidad perfecta para compartirlas escribiendo un libro, iniciando un blog, colaborando con artículos en publicaciones del sector o convirtiéndote en conferencista. Esto te permite influir e inspirar a un público más amplio, consolidando tu legado como referente en tu ámbito.

La clave es reconectar con lo que genuinamente te entusiasmaba de tu profesión, identificar los aspectos esenciales que te daban satisfacción y, luego, dar a esos elementos un nuevo formato. Este nuevo formato respeta tu tiempo recién recuperado y tu ritmo actual, garantizando que tu participación profesional te brinde satisfacción sin el agotamiento que quizás experimentaste antes. Se trata de impacto por encima de horas, pasión por encima de prestigio y contribución por encima de exigencias constantes.

***Un ejemplo de reinvención profesional en la jubilación:*** *Considera el caso de Laura, una ingeniera jubilada que, tras años de liderar grandes proyectos, sintió que su conocimiento aún podía ser útil. Decidió ofrecerse como mentora pro-bono de jóvenes emprendedoras en una incubadora de negocios local. No solo compartió su experiencia técnica, sino también lecciones de liderazgo y resiliencia. Descubrió una nueva pasión asesorando a nuevas emprendedoras y se sintió más realizada que nunca, sin las presiones de su antiguo cargo. Además, la energía que observó en estas jóvenes también la nutrió y le dio un entusiasmo renovado.*

La clave es reconectar con lo que te entusiasmaba de tu profesión y darle un nuevo formato: uno que respete tu tiempo, tu ritmo actual y que te brinde satisfacción sin agotamiento.

Ejercicio 1 - Tu mapa de contribución profesional: Revisa todas las notas en tu cuaderno o aplicación personal, donde registraste tus áreas de experiencia, logros más significativos y los aspectos de tu trabajo que más disfrutabas. Luego, responde: ¿Cómo podrías compartir ese conocimiento hoy? ¿En qué espacios o formatos te sentirías cómodo/a? ¿Con qué tipo de personas te gustaría colaborar?

Ejercicio 2 - Primeros pasos para contribuir: Investiga dos o tres organizaciones locales, plataformas digitales o redes profesionales en las que puedas aportar valor desde tu trayectoria. Considera también proyectos colaborativos con amistades o colegas. Da un primer paso concreto: envía un correo electrónico, programa una reunión o simplemente pide más información. Anota en tu cuaderno o aplicación personal cómo fue esa primera interacción y qué emociones se despertaron en ti. Esa pista puede ayudarte a decidir si quieres avanzar o redirigir.

RESUMEN DEL CAPÍTULO:

Hemos llegado al final de un capítulo que no solo propone ideas, sino que te invita con fuerza a una profunda redefinición de tu existencia: «¿Para qué estoy aquí ahora?». Esta etapa de la jubilación está muy lejos de ser una simple continuación de lo que fue o un periodo de espera pasivo. Es, en cambio, una oportunidad real y vibrante para impregnar tu vida de nuevo sentido y propósito, diseñada enteramente por ti.

A lo largo de estas páginas, hemos explorado cuatro caminos interconectados y vitales para ayudarte a reconectar contigo y con el mundo desde una perspectiva completamente diferente —libre de las expectativas del pasado—.

Primero, profundizamos en redefinir tu visión personal, enfatizando la necesidad crucial de la introspección después de años rutinas y de exigencias externas. Se trata de construir una visión personal en tus propios términos, enraizada en tu bienestar, tu plenitud interior y tu sentido personal, distinta de los ascensos o el reconocimiento. Es ver tu vida como un lienzo en blanco, listo para que tus pasiones y aspiraciones auténticas pinten un futuro profundamente satisfactorio.

Segundo, nos enfocamos en cuidar intencionalmente tu salud y tu bienestar, reconociéndolo como la base innegociable de cualquier propósito sostenible. Exploramos cómo la vitalidad física, mental y emocional alimenta tu capacidad para involucrarte en nuevas actividades y disfrutar de las libertades de la vida. No se trata de rutinas rígidas, sino de crear maneras personalizadas, accesibles y sostenibles de cuidarte, asegurando la energía vibrante que necesitas para todos los nuevos propósitos que estás listo(a) para abrazar.

Tercero, abordamos nutrir tus relaciones, destacando que reinventar tu propósito es una tarea profundamente humana, no un trabajo solitario. Hablamos de cómo la calidad de tus conexiones— ya sea fortaleciendo los lazos con seres queridos, o redescubriendo con alegría amistades de antaño y forjando nuevas en comunidades— se convierte en una magnífica fuente de bienestar, inspiración y sentido profundo. Se trata de cultivar vínculos significativos que realmente aporten valor, enriquezcan tus días y refuercen tu sentido de pertenencia.

Por último, exploramos participar profesionalmente desde una lógica diferente. Esta sección ofreció formas liberadoras de aprovechar tu conocimiento, experiencia y red de contactos sin volver a las antiguas presiones del trabajo de tiempo completo. Puso énfasis en roles como la mentoría, los consejos asesores, la docencia y las contribuciones pro-bono, que te permiten mantenerte intelectualmente activo(a) y profundamente útil. Y, de forma clave, señalamos que estas nuevas vías de participación, aunque impulsadas por la plenitud y el deseo de contribuir, también pueden conducir a oportunidades remuneradas, ofreciendo un bienvenido complemento a tus ingresos de jubilación sin las cargas de un rol de tiempo completo. Así, tu pericia sigue generando impacto mientras mantienes el control de tu tiempo y tu energía.

Tu nuevo propósito no debe imponerse ni heredarse. Lo construyes activamente, lo vas puliendo y lo redescubres con alegría. Hoy cuentas con el rico tapiz de tus experiencias pasadas, tus logros, aprendizajes e incluso tus errores y cambios de rumbo, que son precisamente las herramientas que te dan mayor claridad, compasión y realismo. Es como volver a tallar una escultura, no desde un bloque de mármol virgen, sino desde una obra magnífica que ya tiene historia, detalles únicos y una belleza inherente. Es tuya, y puedes seguir dándole forma.

La mejor parte es que no estás empezando desde cero. A lo largo de este capítulo, al diseñar un plan a tu medida, fijar metas pequeñas y motivadoras, y aceptar el apoyo de quienes mejor te conocen, te empoderas para ensayar y corregir el rumbo cuantas veces sea necesario. Porque el verdadero motor de una jubilación plena y alegre no es solo el descanso; es la conexión profunda con lo que aún puedes —y de verdad quieres— aportar al mundo. Esa chispa, esa intención, puede encenderse hoy. No necesitas tenerlo todo resuelto; basta con la voluntad de empezar a caminar con intención. El propósito no es un destino lejano, sino una manera plena de caminar con sentido cada día.

# CAPÍTULO 9

## R9- RETRIBUIR CON GRATITUD Y SENTIDO

«Retribuir a los demás da sentido a nuestro pasado, trae paz a nuestro presente y crea una visión para el futuro.»

MELODY BEATTIE

A lo largo de toda una vida de trabajo, hemos cultivado habilidades, acumulado conocimientos, superado desafíos y creado relaciones valiosas. Al llegar a esta etapa, es natural preguntarnos cómo podemos poner todo lo aprendido al servicio de los demás. En esta temporada de la jubilación, la contribución no nace de la obligación, sino del profundo y sincero deseo que nuestra experiencia y nuestros talentos sigan teniendo un impacto positivo en causas o personas con quienes deseamos compartir lo mejor de nosotros y disfrutar al hacerlo.

Contribuir desde lo que somos y lo que sabemos puede tomar muchas formas: mentoría, voluntariado, participación comunitaria, apoyo a organizaciones, contribuciones pro bono, activismo o filantropía. La clave está en encontrar ese espacio donde nuestras habilidades se alineen con una necesidad real del entorno y donde podamos sentir que nuestra contribución tiene valor. Esta es una poderosa manera de seguir construyendo sentido en la jubilación: sentir que todavía podemos marcar la diferencia.

Además, cada vez que decidimos retribuir a una causa, a una persona o a una comunidad, estamos dejando un legado. No necesariamente en grandes monumentos o fundaciones que lleven nuestro nombre, sino en pequeños gestos que tienen un impacto profundo. Dar también es un acto de gratitud hacia todas aquellas personas, instituciones y circunstancias que nos acompañaron en el camino. Es nuestra manera de cerrar el círculo y dejar una huella generosa en el mundo.

Este capítulo está diseñado para ayudarte a explorar formas de contribuir con intención, sin caer en activismos forzados ni compromisos rígidos. Se trata de equilibrar la libertad de la que hoy dispones con la posibilidad de usar tu tiempo, tu experiencia y tu energía para fortalecer redes, apoyar a otros y multiplicar el bienestar.

Te invitamos a descubrir cómo el acto de dar también puede ser una forma de recibir. Cada vez que tiendes la mano, compartes tu historia o prestas tu talento, refuerzas tu propósito. Retribuir, dar de vuelta, no te quita tiempo; lo llena de sentido.

### a) Mentoría: compartir tu experiencia para abrir caminos

Si bien ya habíamos hablado de mentoría como una actividad para re energizar y encontrar sentido, en este caso, enfoquemos la mentoría como una forma de devolver a tu área de experiencia, tu gremio, tu comunidad aquellas experiencias y aprendizajes que alguien te compartió a lo largo de tu carrera.

Esta es, sin lugar a duda, una de las maneras más valiosas de retribuir es compartir el conocimiento y la experiencia que has acumulado durante décadas. La mentoría te permite acompañar a personas más jóvenes —o a quienes están atravesando nuevas etapas en su desarrollo— brindándoles guía, perspectiva y apoyo emocional en momentos clave. Se trata de estar presente mientras alguien cruza el puente entre un nivel de conocimiento y otro, entre «no sé cómo seguir» y «ahora lo entiendo mejor».

En lugar de ofrecer soluciones mágicas, se trata de propiciar conversaciones honestas, hacer las preguntas adecuadas y crear un espacio de confianza donde otros puedan crecer. Ser mentor(a) es un acto de generosidad, pero también una oportunidad para seguir aprendiendo de las generaciones más jóvenes, de nuevas maneras de pensar y de realidades distintas a la tuya.

Puedes hacerlo de forma formal —a través de programas de mentoría en universidades, fundaciones o redes profesionales— o de manera más informal, acompañando a personas de tu comunidad, conocidos o incluso miembros de tu propia familia que estén buscando orientación o consejo.

Ejercicio 1 - Identifica tus posibles espacios de mentoría - Revisa todas las notas en tu cuaderno o en tu aplicación personal, donde registraste tus áreas de especialidad, tus logros más significativos y los aspectos de tu trabajo que más disfrutaste. Luego, responde: ¿cómo podrías compartir hoy ese conocimiento? ¿En qué espacios o formatos te sentirías cómodo(a)? ¿Con qué tipo de personas te gustaría colaborar? Haz una lista de tres posibles contextos (por ejemplo: universidades locales, jóvenes emprendedores, colegas en transición profesional) y escribe qué tipo de mentor(a) podrías ser en cada uno.

Ejercicio 2 - Diseña tu primera acción concreta como mentor(a) - Piensa en una actividad sencilla para empezar: ¿podrías ofrecer una charla gratuita? ¿Participar en un panel? ¿Abrir un espacio de «cafés de mentoría» virtuales una vez al mes? Define una primera acción, con una fecha tentativa, posibles destinatarios y los recursos que necesitas para llevarla a cabo. Recuerda: no tiene que ser perfecta ni masiva, solo significativa. Anota todo en tu cuaderno o en tu aplicación personal.

### b) Voluntariado: ofrecer tiempo y habilidades donde más se necesitan

El voluntariado es una de las formas más directas y gratificantes de retribuir a la sociedad. En esta etapa de la vida, cuando ya no estamos sujetos a horarios fijos ni a presiones laborales constantes, podemos elegir cómo y con quién compartir nuestro tiempo. No importa si dispones de muchas horas o solo de unas cuantas al mes; tu tiempo, tu presencia y tus habilidades pueden tener un gran impacto en la vida de otras personas. Y no solo eso: también puede transformar la tuya, y lo que quizás parezca "poco", una tarde, una habilidad específica, una conversación amable—puede tener un efecto enorme en la vida de otra persona o de una organización.

El voluntariado no es solo "hacer algo útil"; es conectar a nivel humano. Se trata de estar presente donde alguien necesita una mano, una idea, un poco de experiencia o simplemente compañía. Y aunque a veces creemos que solo se puede ayudar desde roles visibles o estructurados, hay miles de formas de contribuir: escuchar, enseñar, reparar, organizar, cocinar, contar historias y abrazar causas.

Este tipo de contribución no exige perfección ni heroicidades. Solo pide disposición. En muchos casos, lo que una persona da se ve superado por lo que recibe: nuevas amistades, aprendizajes inesperados y experiencias transformadoras. Muchas personas jubiladas descubren que, a través del voluntariado, no solo ocupan su tiempo con propósito, sino que también recuperan energía, sentido de pertenencia y una alegría genuina que no esperaban.

Lo más importante es elegir una causa que conecte con tus valores y decidir cuánto y cómo quieres involucrarte. A veces, basta un pequeño paso para descubrir un mundo completamente nuevo.

Ejercicio 1 - Explora oportunidades de voluntariado alineadas con tus valores - Revisando todas las notas en tu cuaderno o app personal, haz una lista de causas sociales o comunitarias que te inspiren (educación, salud, medio ambiente, cultura, derechos humanos, etc.). Luego investiga tres organizaciones locales o internacionales que trabajen en esos temas. Visita sus sitios web, llama o asiste a un evento informativo para saber cómo podrías involucrarte. Anota lo que descubras en tu cuaderno o app personal.

Ejercicio 2 - Dona tus habilidades a una causa que las necesite - Piensa en una habilidad o conocimiento que poseas y que podría ser útil para una organización (por ejemplo, contabilidad, diseño gráfico, redacción, asesoría legal, idiomas, etc.). Luego, elige una organización de tu interés y ofréceles una colaboración específica: una clase, una sesión de asesoría, o un taller para su equipo. Define la fecha, la duración y el tema específico. Anota todo en tu cuaderno o app personal.

### c) Participación en juntas directivas y juntas comunitarias: aportar experiencia para fortalecer las organizaciones

Otra forma poderosa y muy satisfactoria de retribuir con impacto es mediante tu participación en juntas directivas, comités asesores o consejos de organizaciones sin fines de lucro, grupos comunitarios y asociaciones culturales, educativas o ambientales. Estos espacios requieren visión estratégica, pensamiento crítico, compromiso ético y—sobre todo—experiencia de vida. Exactamente lo que tienes.

Sumarte a estas estructuras no implica necesariamente asumir grandes responsabilidades administrativas ni dedicar horas infinitas. En muchos casos, tu papel puede ser orientar, hacer preguntas pertinentes, compartir tu red de contactos o ayudar a clarificar prioridades.

Además, participar en este tipo de instancias también te permite mantenerte conectado con asuntos de interés público, ejercer una influencia positiva desde un enfoque colaborativo y encontrar una nueva forma de liderazgo más horizontal y orientada al servicio.

Muchas organizaciones—desde bibliotecas locales hasta ONG nacionales e internacionales (organizaciones no gubernamentales) —buscan personas con experiencia, empatía y disposición para contribuir a su misión. Al sumarte, no solo aportas ideas, sino también legitimidad, solidez y una mirada experimentada que puede marcar una verdadera diferencia.

A esta altura, decir que sí a una junta directiva puede ser una forma significativa de decir "¡presente!" a tu comunidad.

Ejercicio 1 - Identifica posibles organizaciones que te entusiasmen - Nuevamente, revisando todas las notas en tu cuaderno o app personal, haz una lista de temas o causas que te interesen profundamente. Luego, encuentra tres organizaciones que trabajen en esos temas en tu ciudad o región. Investiga su misión, sus necesidades actuales y si cuentan con una junta directiva o un consejo asesor. Anota a cuáles de ellas te gustaría contactar.

Ejercicio 2 - Diseña una propuesta de valor personal - Piensa en lo que puedes aportar en ese espacio: experiencia de gestión, contactos en el sector, visión de largo plazo, capacidad para moderar debates y conocimientos técnicos. Redacta una propuesta breve (una página) que incluya quién eres, por qué te interesa sumarte y qué podrías aportar a cada una de las organizaciones que identificaste en el ejercicio anterior. Esto te servirá como guía para presentarte con claridad y confianza cuando decidas dar el paso. Cuando sientas que estas propuestas reflejan de verdad tus sentimientos y tu intención de participar, envíalas a las tres organizaciones que seleccionaste. Según sus respuestas y tu capacidad de comprometerte, puedes inscribirte como asesor o asesora en una de ellas y probar ese rol.

### d) Contribuciones pro-bono: compartir tu experiencia con quienes más la necesitan

Según tu trayectoria, campo y credenciales de tus años de trabajo, ofrecer tu conocimiento profesional de forma gratuita— mediante asesorías, capacitación o proyectos específicos—puede ser una de las formas más significativas y valiosas de retribuir. Muchas personas, startups o pequeñas organizaciones no cuentan con los recursos para contratar expertos, pero sí con un gran deseo de aprender y crecer. Tu experiencia puede marcar una verdadera diferencia en estos contextos.

Realizar contribuciones pro-bono no significa comprometerte a tiempo completo ni asumir proyectos complejos. Puede ser tan simple como dedicar un par de horas al mes a revisar un plan de negocios, ayudar a estructurar una campaña, traducir un documento importante, orientar a un equipo pequeño o dar una charla de capacitación. Se trata de aportar desde tu conocimiento, con generosidad y sin exigencias.

Además de ser útil para otras personas, esta modalidad también te permite mantener activo tu conocimiento, reforzar tu identidad profesional y encontrar satisfacción en seguir siendo útil. Es una forma de mantener tus talentos vigentes, pero ahora al servicio de quienes más los necesitan.

Ejercicio 1 - Ofrece una sesión de asesoría gratuita - Elige un día al mes para brindar asesoría gratuita en tu área de especialidad. Puede ser a través de redes sociales, una organización comunitaria o por invitación directa. Define con claridad los temas que puedes cubrir, el tiempo disponible y cómo deben contactarte. Anótalo en tu cuaderno o app personal, y registra los aprendizajes que surjan de cada encuentro.

Ejercicio 2 - Diseña una colaboración pro-bono de impacto - Piensa en una organización social, educativa o comunitaria que te inspire. Propón un proyecto específico en el que puedas brindar capacitación o apoyo estratégico. Puede ser un taller, una guía práctica o una asesoría para su equipo. Define el objetivo, el alcance y los recursos necesarios. Documenta todo en tu cuaderno o app personal como parte de tu plan de contribución con propósito.

### e) Activismo e incidencia: tu voz también transforma

Una de las formas más poderosas de retribuir en esta etapa de la vida es usar tu voz, tu historia, tu experiencia, tu presencia—para promover causas en las que crees profundamente. No se trata de convertirte en activista de tiempo completo ni de llevar pancartas en cada protesta (aunque también podrías hacerlo si lo deseas). Se trata de ir más allá del apoyo silencioso y empezar a participar de manera más activa en los temas que te importan.

Quizás te conmuevan los derechos humanos, la protección del medio ambiente, la inclusión social, la igualdad de género, la educación pública, el bienestar animal o la salud mental. Quizás hayas sido testigo de una injusticia que te marcó o vivido una situación que te hizo más consciente de ciertas realidades. Esta etapa de la vida puede darte la libertad y la madurez para hacer algo al respecto.

El activismo no tiene una sola forma. Puedes escribir una columna de opinión, participar en campañas de sensibilización, unirte a un grupo ciudadano, impulsar cambios en tu comunidad o hablar en nombre de quienes no tienen voz. Puedes hacerlo desde casa, desde tu barrio, o en redes digitales. Lo importante es canalizar tu pasión con enfoque, respeto y constancia.

Defender una causa no solo aporta valor a la sociedad; también renueva tu energía y fortalece tu identidad. Descubrir que aún puedes movilizar ideas, ganar aliados y promover cambios es una experiencia profundamente revitalizante.

Ejercicio 1 - Encuentra una causa y da el primer paso - Piensa en un problema social, ambiental o comunitario que te despierte emoción o indignación. Investiga organizaciones o colectivos que ya estén trabajando en ello, ya sea localmente o en línea. Participa en un evento, charla o reunión. Puedes empezar escuchando, aprendiendo e identificando quién está haciendo qué. Anótalo en tu cuaderno o app personal y registra lo que aprendiste y cómo te sentiste.

Ejercicio 2 - Activa tu voz con intención - Elige una forma concreta de expresar tu apoyo a una causa: escribe una carta abierta, comparte un testimonio en redes sociales, habla en una reunión vecinal o súmate a una campaña. No se trata de convencer a todo el mundo, sino de sumar tu voz a una conversación importante. Luego, anota cómo fue la experiencia: ¿te sentiste escuchada o escuchado? ¿Te gustaría hacer más? ¿Qué impacto crees que tuvo tu acción?

### f) Mantente al día: actualizarte también es una forma de contribuir

Seguir aprendiendo no solo es un acto de crecimiento personal, sino también una manera poderosa de mantenerte vigente, relevante y con capacidad de contribuir con mayor profundidad. En un mundo que cambia con rapidez, especialmente en áreas como la tecnología, la comunicación y el pensamiento social, estar informado es parte esencial de una contribución efectiva.

Mantenerte al tanto de lo que sucede en tu campo de especialidad —o en nuevos campos que encienden tu curiosidad— te permite hablar desde el conocimiento, tomar mejores decisiones y enriquecer cualquier espacio en el que elijas participar. Leer publicaciones especializadas, asistir a charlas o suscribirte a boletines informativos son formas accesibles de mantener la conexión con tu entorno profesional o temático.

Además, esta etapa puede ser una oportunidad ideal para profundizar en herramientas emergentes, como aplicaciones basadas en inteligencia artificial. Hoy, hay cientos de recursos disponibles en línea, muchos de ellos gratuitos, que pueden ayudarte a comprender y aplicar estas tecnologías en proyectos personales, educativos o comunitarios. Aprender a usar herramientas como editores visuales, generadores de contenido, asistentes de escritura o plataformas de análisis puede abrirte nuevas puertas para colaborar y contribuir desde un lugar actualizado y creativo.

No necesitas volverte experta o experto. Basta con una actitud de apertura y ganas de experimentar con lo nuevo. La tecnología no es solo para jóvenes; es para quienes desean seguir creciendo, compartiendo y sorprendiendo.

Ejercicio 1 - Diseña tu propio plan de actualización - Haz una lista de áreas en las que te gustaría seguir aprendiendo. Pueden ser temas de tu profesión, nuevas tendencias tecnológicas, herramientas de inteligencia artificial o incluso habilidades como comunicación o liderazgo. Busca cursos en plataformas como Coursera, EdX, YouTube, Domestika o Khan Academy (todas estas disponibles al escribir estas líneas) u otras que se desarrollan y ofrecen continuamente, o en tu región/país. Anota en tu cuaderno o app personal una ruta de aprendizaje para las próximas seis semanas: temas, duración estimada, costo (si lo tiene) y cómo planeas aplicarlos.

Ejercicio 2 - Aprende compartiendo lo que aprendes - Elige un tema nuevo que estés explorando (puede ser una app de IA, una técnica de comunicación o una tendencia del sector) y prepara una breve presentación o guía práctica para compartir con otras personas de tu comunidad o red. Puede ser un documento, un video corto, una sesión virtual o una reunión cara a cara, en persona. Registra tu experiencia en tu bitácora o app personal: Reflexiona sobre este ejercicio de compartir tus conocimientos: ¿Cómo te sentiste al enseñar lo que estás aprendiendo? ¿Qué acciones concretas tomarías para mejorar tu enfoque? ¿Cuál fue la reacción más reveladora de quienes te escucharon?"

## g) Filantropía: Dejar una huella a través del apoyo generoso

A lo largo de los años, muchas personas encuentran en la filantropía una forma tangible y satisfactoria de expresar gratitud por lo que han recibido. No se trata necesariamente, o únicamente, de grandes donaciones o fundaciones que lleven tu propio nombre—aunque estas también son válidas—sino de buscar causas que toquen nuestros corazones y apoyarlas con los recursos que tenemos disponibles: tiempo, dinero, ideas, conexiones, o incluso un espacio en casa.

La filantropía, en su esencia más pura, no es un acto de caridad distante, sino una forma activa de compromiso con el bienestar de los demás. Ahora, cuando muchas de nuestras necesidades básicas están satisfechas y hemos aprendido a valorar lo que realmente importa, el deseo de compartir puede surgir de manera más genuina. Dar con significado es una forma de seguir creando valor, incluso sin estar involucrado en un trabajo formal.

Hay múltiples maneras de involucrarse: haciendo donaciones periódicas a aquellas causas con las que te identificas, patrocinando becas educativas, apoyando programas comunitarios, promoviendo proyectos culturales o ambientales, o incluso considerando la creación de un pequeño fondo familiar con un propósito social. No hay una fórmula única. Lo importante es que el acto de dar esté alineado con tus valores y con lo que deseas dejar como huella.

Además, ten en cuenta que, dependiendo de tu situación financiera y fiscal, las donaciones pueden representar una estrategia inteligente para optimizar los pagos de impuestos. En muchos países, las contribuciones a organizaciones sin fines de lucro son deducibles de impuestos. Consulta a un contador o asesor financiero para explorar si esta opción es viable y beneficiosa para ti.

Ejercicio 1 - Define tu causa y crea tu plan de apoyo - Haz una lista de temas, causas o poblaciones que te importen profundamente. Luego, investiga organizaciones que trabajen en esos temas. Elige una o dos con las que sientas afinidad y define cómo te gustaría contribuir: una donación mensual, voluntariado ocasional, patrocinio de eventos, o incluso crear una campaña personal. Escríbelo en tu cuaderno o aplicación personal.

Ejercicio 2 - Piensa en un legado compartido - Si estás interesado en dejar una huella más estructurada, habla con tu familia sobre la posibilidad de crear una iniciativa filantrópica juntos. Puede ser algo simple, como un fondo familiar para apoyar una causa local, o algo más ambicioso a mediano plazo. Discute qué valores quieres que represente esa acción. Anota los principales acuerdos o ideas para revisitar más tarde.

## RESUMEN DEL CAPÍTULO:

Contribuir en esta etapa de la vida no es solo un acto de generosidad; es una expresión auténtica de quién eres y de lo que valoras. Después de años de construir una carrera, formar una familia y asumir responsabilidades, ahora tienes la oportunidad de elegir libremente cómo deseas seguir contribuyendo. Puedes hacerlo a través de asesoría, acción directa, acompañamiento o ayuda financiera, pero siempre desde un posición de significado y conexión.

Devolver transforma. Restaura la alegría de sentirse útil, la satisfacción de ver que nuestras acciones tienen un impacto y el orgullo de formar parte de algo más grande. Además, retribuir conscientemente y de manera voluntaria es también una forma de seguir creciendo, de mantener viva nuestra energía y de rodearnos de nuevas historias, personas e inspiraciones.

Y aunque el foco suele estar en lo que damos, no olvides observar lo que recibes: gratitud, aprendizaje, conexiones y perspectiva. "Retribuir" es, en realidad, una relación de doble vía: una experiencia humana profundamente enriquecedora.

*Un ejemplo inspirador es Fred Swaniker, de Ghana, África, quien, tras jubilarse de su carrera corporativa, decidió invertir su tiempo en la educación de jóvenes líderes africanos, fundando el Grupo de Liderazgo Africano, la Academia de Liderazgo Africano (ALA) y la Universidad de Liderazgo Africano (ALU), que conforman una red de escuelas de liderazgo con impacto regional. Swaniker fue reconocido por la revista TIME como una de las "100 personas más influyentes del mundo" en 2019 y recibió un TIME 100 Impact Award en 2023.*

*O también, el caso de María Elena Lorenzo, una maestra jubilada en Oaxaca, México, quien hoy dedica parte de su semana a enseñar a leer a personas adultas mayores de su comunidad, con renovada paciencia y pasión. Posiblemente nadie fuera de su comunidad la conozca ni le otorgue reconocimiento desde grandes revistas, pero al final de cada semana siente una inmensa satisfacción al ver a sus estudiantes, en su mayoría personas mayores, poder leer y expandir su mundo a través de la lectura, y un sentido de logro personal. Ambos encontraron nuevas maneras de dar propósito a sus días, poniendo lo mejor de quienes habían sido al servicio de los demás.*

Tú también puedes hacerlo. Revisa las propuestas de este capítulo, identifica aquellas que más resuenen contigo y empieza poco a poco. No se trata de abarcarlo todo, sino de elegir lo que de verdad te conecta. A tu propio ritmo, con tus propias reglas, pero con una convicción: todavía tienes mucho que dar. Y eso, en sí mismo, es una de las mayores riquezas de la jubilación.

# CAPÍTULO 10

## R10- REGOCIJARTE EN LA LIBERTAD - VIVIR LA JUBILACIÓN CON JÚBILO

> "La felicidad no es algo prefabricado; es algo que construyes con tu actitud y tus acciones."
>
> DALAI LAMA

Hemos recorrido un camino intenso y revelador. Desde la introspección inicial de tu situación actual hasta la exploración de nuevas pasiones, la reinvención de tu propósito y el regocijo en la libertad recién descubierta, cada "R" ha sido un paso consciente para desaprender viejos hábitos y hacer espacio para nuevas posibilidades. Has revisado tus fundamentos, has reequilibrado tu tiempo, te has permitido el descanso necesario y has afrontado los pesares, transformándolos en impulso. Has puesto en contexto lo que verdaderamente importa, recargado tu energía conectando con pasiones nuevas (o antiguas), te has reinventado con una mentalidad más flexible y has redescubierto la profunda satisfacción de retribuir. Y, finalmente, has llegado aquí: a la esperada oportunidad de regocijarte en la libertad de ser quien realmente eres en esta etapa.

Ahora, con todo este bagaje, no se trata de encontrar una única respuesta ni un destino final. Se trata de algo mucho más dinámico y personal: diseñar tu propia coreografía y bailar tu propio baile, al ritmo que tú decidas. Tu vida en una jubilación con propósito no es una línea recta ni un camino predefinido por otras personas. Es un baile único, con sus propios ritmos, pausas, giros y movimientos —una coreografía que se crea día a día, con intención, creatividad y la libertad de improvisar.

Este capítulo final no busca darte un molde rígido ni órdenes específicas, sino invitarte a convertir todo lo explorado en una práctica viva. Es momento de integrar la reflexión con la acción, permitir que tus valores guíen tus pasos y que tu propósito se manifieste en cada elección. Diseñar tu nueva coreografía implica armonizar tu bienestar, tus relaciones, tus pasiones y tu contribución al mundo en un flujo que te llene de energía y alegría.

En las páginas siguientes, exploraremos cómo puedes tomar todos los elementos que has descubierto y empezar a integrarlos de forma práctica en tu día a día. Hablaremos de cómo mantener viva la curiosidad, cómo nutrir tus conexiones significativas, cómo seguir aportando con tu talento desde un lugar de libertad, y cómo, por encima de todo, seguir celebrando la vida con alegría.

Prepárate para ponerle música a tus días y empezar a bailar. Esta es tu coreografía, y la pista de baile está lista para ti.

### a) Libertad sin ataduras: Tu oportunidad de empezar a hacer lo que quieres

¡Aquí está! Ese momento que imaginaste: la promesa de recuperar tu tiempo. "Jubilación con júbilo" por fin te entrega la llave de tu propio horario. Pero la libertad no es solo la ausencia de trabajo; es, sobre todo, la presencia de infinitas posibilidades de hacer algo. Ya no se trata de soñar con tener tiempo libre, sino de la acción concreta de decidir cómo invertir cada hora, cada día y cada semana.

Esta sección no es para contemplar teóricamente la libertad, sino para vivirla activamente. Es momento de experimentar de forma activa con ese espacio recién descubierto y diseñar, haciéndolo, cómo se siente de verdad tu propio día, sin imposiciones ni estructuras externas. La verdadera comprensión de esta libertad llega cuando empiezas a usarla, a llenarla con tus elecciones y a moldearla según tus deseos y curiosidades de hoy.

Piensa en este momento como el disparo de salida para explorar activamente cómo quieres que sea tu vida cotidiana. ¿Qué te permitirás hacer ahora que antes no podías? ¿Qué acciones, pequeñas o grandes, reflejan esa libertad que tanto valoras? La respuesta no está en un plan rígido, sino en el valor de probar, experimentar y ajustar sobre la marcha mientras descubres qué ritmos y actividades te sientan mejor.

Es momento de pasar de "tener tiempo para..." a **"estoy usando mi tiempo para..."** Este es el núcleo de una jubilación activa y con propósito: la ejecución consciente de tu libertad.

Aquí tienes acciones concretas para empezar a experimentar y saborear esta libertad sin ataduras:

Ejercicio 1 - Programa y ejecuta tu "día soñado". Transforma esa visualización en una realidad tangible. Elige la versión de tu "día soñado" que más te entusiasme ahora mismo y, sin dudarlo, bloquéalo en tu calendario para la próxima semana. Intenta seguirlo con la mayor fidelidad posible. Observa y anota en tu diario cómo se siente pasar del concepto a la acción. ¿Qué elementos fueron mejor de lo esperado? ¿Cuáles ajustarías para futuras ediciones de tu día ideal? La práctica es clave para perfeccionar tu coreografía personal.

Ejercicio 2 - Activa un día de total espontaneidad. Designa un día a la semana como tu "día de acción espontánea". Ese día, tu única tarea es no tener tareas predefinidas. Despiértate y, en lugar de seguir una rutina, pregúntate: "¿Qué tengo ganas de hacer ahora?". Puede ser un paseo inesperado, dedicar horas a un libro que nunca terminaste, explorar un barrio de tu ciudad o, simplemente, permitirte un descanso largo y reconfortante sin sentir culpa. El objetivo es ejercitar tu capacidad de decidir en el momento presente y observar cómo responden tu energía y tu estado de ánimo ante esta falta de estructura rígida. Anota en tu diario tus experiencias, tus descubrimientos y cualquier sentimiento que surja.

Poner en práctica estos ejercicios te permitirá empezar a sentir y vivir la libertad de tu jubilación de un modo tangible. No es algo que esperas; es algo que haces.

*Nota- En mi propio caso, después de probar ambas opciones, planificar y ejecutar un "día perfecto" versus dejar un día completamente relajado y sin estructura, concluí que ninguno de los extremos me satisfacía del todo. Lo que ahora practico es elegir entre tres y cuatro temas principales en los que trabajar durante las semanas siguientes, con metas realistas al final de ese periodo: por ejemplo, tomar y terminar un curso en línea sobre un tema nuevo para mí —como la Inteligencia Artificial—, aprender y jugar "pickleball" con mi esposa y amistades un par de veces por semana, dedicar horas específicas a mis hijos y nietos involucrándome en sus actividades, pedalear cierto número de kilómetros en la bicicleta, contactar a cierto número de amigos, experimentar con recetas nuevas en la cocina, dedicar horas específicas a mis proyectos de consultoría o terminar de leer un libro pendiente, etc. Luego asigno tiempo para avanzar en cada uno de esos temas, sin una estructura rígida, sino siguiendo el ritmo que la semana o la "vida libre", como me gusta llamarla, me permite.*

## b) Redescubrir pasiones dormidas: Tu laboratorio personal de acción

Ya has tomado las riendas de tu tiempo, un primer y poderoso acto de libertad en esta nueva etapa. Ahora, la misión es clara y emocionante: dirigir esa energía y ese tiempo hacia lo que hoy, de verdad, te entusiasma. Olvida el hacer más largas reflexiones sobre lo que podría interesarte. Ya lo hiciste; este es el momento de la acción, de la experimentación directa que te revelará, haciendo, lo que de verdad enciende tu chispa vital en la jubilación.

Considera esta sección tu laboratorio personal: un espacio sin juicios ni expectativas externas, donde la única meta es probar, tocar, sentir y hacer. Es en la práctica, en el intento, donde descubrirás si aquel viejo pasatiempo todavía te mueve o si un interés completamente nuevo te cautiva. Ya no se trata de soñar con pintar, sino de mojar el pincel y dar las primeras pinceladas sobre el lienzo en blanco; no de pensar en aprender un idioma, sino de decir en voz alta tu primera palabra en esa lengua; no de querer plantar y cultivar algo, sino de ensuciarte las manos de tierra.

Ya tienes una lista, mental o escrita, de aquellas actividades que siempre te llamaron la atención o que dejaste de lado. No son solo ideas; son invitaciones a la acción. Cada una representa una puerta que espera ser abierta con una acción concreta. No necesitas un plan maestro ni ser experta o experto para empezar. Necesitas curiosidad, el coraje de ser principiante y, sobre todo, la voluntad de simplemente hacer. La chispa de una pasión no siempre se encuentra en las grandes revelaciones, sino a menudo en la constancia del ensayo y error, en la sorpresa de descubrir algo nuevo sobre ti a través de la acción. Este es tu momento de ser explorador, científico loco o aprendiz entusiasta. Tu laboratorio personal está listo.

Aquí tienes las acciones concretas para montar tu laboratorio y empezar a encender tu chispa:

Ejercicio 1 - Crea tu catálogo de acciones para tus pasiones. Revisa las listas de posibles intereses que generaste en capítulos anteriores. Ahora, junto a cada uno, anota la primera acción concreta e inmediata que podrías realizar para explorarlo. Por ejemplo, si te interesa la pintura, la acción podría ser "buscar en Google 'tienda de materiales de arte cerca de mí'" o "encontrar un video corto en YouTube sobre 'cómo mezclar colores básicos'". Si es jardinería, podría ser "identificar un espacio pequeño en casa para poner una maceta" o "buscar en internet 'plantas fáciles para principiantes'". Concéntrate en el primer paso más pequeño y factible que puedas dar ahora mismo. Este es tu nuevo catálogo de acciones, listo para ejecutarse.

Ejercicio 2 - Elige una acción y ejecútala esta semana. De tu catálogo de acciones, elige la que te parezca más simple o la que te genere más curiosidad ahora mismo. Comprométete a realizar esa acción específica en los próximos siete días. No pienses en el resultado a largo plazo; piensa solo en completar ese primer paso. Cuando lo hagas, anota en tu diario cómo te sentiste antes, durante y después de la actividad. ¿Te despertó más interés? ¿Qué te sorprendió? Esta es información valiosa para tu laboratorio.

Ejercicio 3 - Establece una rutina de experimentación activa. Una vez que hayas dado el primer paso en una o dos áreas de interés, establece una pequeña rutina semanal para dedicar tiempo constante a la experimentación. Aunque sea de 30 minutos o una hora, bloquéalo en tu calendario como un experimento impostergable. La constancia en la acción, más que la intensidad esporádica, es clave para que una chispa se convierta en una llama sostenible. Registra tus avances, tus sensaciones y tus descubrimientos en tu diario, ajustando el tiempo o el tipo de experimento conforme sientas y aprendas.

Poner manos a la obra con tus pasiones es una de las formas más directas y gratificantes de inyectar energía y propósito a tu jubilación. No esperes más. Elige una acción de tu catálogo y abre hoy la puerta de tu laboratorio personal.

### c) Encontrar la alegría en lo cotidiano: Saborear los placeres sencillos

Ya estás experimentando la libertad de tu tiempo y explorando activamente tus pasiones. Ahora, para completar la tríada de la alegría en esta nueva etapa, necesitamos enfocarnos en una práctica fundamental: encontrar y saborear la alegría en los momentos cotidianos. La felicidad en esta vida post laboral plena no depende necesariamente de grandes proyectos o actividades extraordinarias, sino de tu capacidad para apreciar y sentir placer en las cosas sencillas que conforman tu día a día.

Considera esta sección tu invitación a convertirte en coleccionista de momentos felices. No se trata de esperar a que la alegría llegue por sí sola, sino de buscarla activamente, abrir tus sentidos a las pequeñas maravillas que te rodean y darles el valor que merecen. Es un ejercicio consciente de atención plena y gratitud aplicado a lo cotidiano.

Piensa en esto como entrenar tu "músculo de la alegría". Cuanto más practiques notar y apreciar lo positivo, más fácil será encontrarlo. Un rayo de sol que entra por la ventana, el sabor de tu café de la mañana, el canto de los pájaros, una conversación ligera con un ser querido, la comodidad de tu sillón favorito... La jubilación ofrece un terreno fértil para redescubrir el placer en estas pequeñas cosas que, antes, quizás pasaban desapercibidas entre el ajetreo y el bullicio.

Poner esto en práctica te permitirá llenar tus días de satisfacción y bienestar, construyendo una base sólida de alegría independientemente de las circunstancias externas. Es una habilidad que se cultiva, una decisión que se toma cada mañana al abrir los ojos.

Aquí tienes las acciones concretas para comenzar a encontrar la alegría en las pequeñas cosas:

Ejercicio 1 - Comienza tu "diario de pequeñas alegrías" - Consigue una libreta o usa una app en tu teléfono dedicada exclusivamente a esto. Al final de cada día, dedica cinco minutos a anotar de tres a cinco "pequeñas alegrías" o momentos que te hicieron sentir bien, que te gustaron, o que simplemente te sacaron una sonrisa. No tienen que ser cosas grandes: "disfruté el olor de la lluvia", "mi planta favorita sacó una hoja nueva", o "escuché mi canción favorita en la radio". La clave es la constancia al buscar y reconocer estos momentos. Al registrar cada gratitud, incluye una breve nota sobre por qué es significativa. Releer tu diario periódicamente te ayudará a recordar cuántos momentos positivos has experimentado.

Ejercicio 2 - La pausa consciente del disfrute - Elige al menos un momento cada día para detenerte activamente y saborear una experiencia sensorial simple. Puede ser el sabor de un bocado de comida, la sensación del agua tibia en la ducha, el olor de una flor, la textura de una tela, o la belleza de una imagen. Detente por completo, inhala, presta plena atención a esa sensación y permítete sentir la alegría que te genera. Este es un ejercicio de atención plena aplicado al placer cotidiano.

### d) El viaje del crecimiento personal: Acciones para nutrir tu espíritu

La jubilación con propósito no es solo el momento de disfrutar de la libertad y explorar nuevas pasiones; también es una fase excepcionalmente rica para dirigir tu energía hacia adentro y potenciar tu crecimiento personal. Al pausarse el ritmo de trabajo, se abre un espacio invaluable para la introspección activa, para nutrir conscientemente tu espíritu y para emprender un viaje continuo de autodescubrimiento. No se trata de reflexión pasiva, sino de hacer cosas que impulsen tu evolución personal en esta etapa.

Considera esta etapa una oportunidad de oro para invertir en ti de manera profunda y significativa. ¿Qué áreas de tu vida interior te gustaría explorar o fortalecer? ¿Cómo puedes cultivar mayor presencia y consciencia en tu vida diaria? El crecimiento personal en la jubilación es un compromiso activo con tu bienestar integral, una decisión de seguir aprendiendo, adaptándote y encontrando nuevas facetas de ti.

Poner esto en práctica implica buscar activamente herramientas y experiencias que te desafíen y te nutran. Significa dedicar tiempo intencional a actividades que promuevan la calma mental, la claridad emocional y una conexión más profunda contigo y con el mundo que te rodea. Es tu laboratorio para experimentar con nuevas prácticas y descubrir qué te ayuda a florecer desde dentro.

Aquí tienes las acciones concretas para impulsar tu viaje de crecimiento personal:

Ejercicio 1 - Inscríbete en un taller o seminario de desarrollo personal - Elige un área en la que te interese crecer, ya sea atención plena, inteligencia emocional, comunicación efectiva, manejo del estrés u otro tema que resuene contigo. Busca talleres, cursos en línea o seminarios presenciales que ofrezcan herramientas prácticas y conocimientos aplicables. Inscribirte y comprometerte a asistir es el primer paso para invertir activamente en tu desarrollo. Al terminar, reflexiona sobre lo que aprendiste y cómo puedes integrar esas herramientas en tu vida diaria.

Ejercicio 2 - Implementa una práctica diaria de escritura reflexiva - Dedica 15 minutos cada mañana a escribir en un diario. No necesitas ser una persona con experiencia escribiendo; el objetivo es simplemente capturar tus pensamientos, sentimientos, aspiraciones o cualquier reflexión que surja. Puedes escribir sobre cómo te sientes, tus objetivos para el día, algo por lo que estás agradecido, o simplemente dejar que tus ideas fluyan libremente. Esta práctica constante de autorreflexión por escrito es una herramienta poderosa para ganar claridad, procesar emociones y seguir aprendiendo de tus experiencias diarias. Considera esto una cita impostergable contigo cada mañana.

Nutrir tu espíritu y emprender un viaje de crecimiento personal son acciones fundamentales para una jubilación plena y con propósito. Al dedicar tiempo y energía a estas prácticas, estás construyendo una base sólida de bienestar interno que enriquecerá todas las demás áreas de tu vida. Elige una de estas acciones y empieza tu camino hoy mismo.

## e) Cultivar conexiones significativas: Acciones para enriquecer tus relaciones

Al internarte en tu nueva coreografía de vida libre, orientada a tus pasiones, hay un elemento crucial que requiere atención y acción constantes: tus relaciones. En la jubilación, disminuye el tiempo que antes compartías con colegas en el entorno laboral, y es vital redirigir conscientemente esa energía social hacia las conexiones que realmente nutren y enriquecen tu vida. No se trata de esperar a que las demás personas te busquen, sino de tomar la iniciativa y hacer que tus relaciones florezcan.

Considera esta sección como tu plan de acción para construir y mantener un círculo social vibrante y significativo. Las relaciones profundas son un pilar fundamental de la felicidad y el bienestar en esta etapa, y requieren esfuerzo, tiempo dedicado e intención clara. Es tu oportunidad de fortalecer lazos existentes y abrirte a nuevas conexiones que aporten perspectivas frescas y alegría a tu vida.

Llevar esto a la práctica significa ir más allá de los encuentros casuales. Significa programar activamente tiempo con tus seres queridos, interesarte genuinamente por sus vidas, ofrecer tu apoyo y estar presente de manera significativa. También es el momento ideal para reconectar con amistades o familiares con quienes perdiste el contacto y para buscar nuevas comunidades basadas en tus intereses y actividades actuales.

Aquí tienes las acciones concretas para cultivar conexiones significativas utilizando el trabajo que ya has hecho:

Ejercicio 1 - Del inventario a la acción con tus relaciones clave - Toma la lista de personas importantes en tu vida que identificaste y las reflexiones sobre tus relaciones que hiciste en capítulos anteriores (especialmente en el capítulo R8). Ahora, para cada persona clave de esa lista, define una acción concreta que realizarás en la próxima semana para nutrir esa relación. Si identificaste que te gustaría profundizar la conexión con alguien, ¿cuál será el primer paso que darás? Si notas que una relación necesita más atención, ¿qué actividad específica planificarás? Convierte tu reflexión previa en un plan de acción tangible y comprométete a ejecutar al menos tres de estas acciones de contacto en los próximos diez días.

Ejercicio 2 - Implementa tiempo de calidad real basado en tus reflexiones - Piensa en las relaciones de tu lista con quienes sentiste que te gustaría pasar tiempo de calidad, como reflexionaste anteriormente. Elige a una o dos de esas personas y agenda un encuentro con la clara intención de dedicarles tu atención completa, sin distracciones tecnológicas ni interrupciones innecesarias. Con base en lo que sabes que disfrutan (información que quizás ya tengas de tus reflexiones previas), ¿qué actividad o ambiente propiciarías para fomentar una conexión genuina? Lleva a cabo este encuentro en la próxima semana y luego reflexiona en tu diario sobre la diferencia que aportó la atención plena en la calidad de la interacción.

Ejercicio 3 - Activa la conexión con nuevas comunidades basadas en intereses definidos - En capítulos anteriores, exploraste o identificaste intereses y pasiones (como en el capítulo R6 y la sección b de este capítulo). Ahora, toma esos intereses como punto de partida para ampliar tu círculo social. ¿Qué tipo de grupos o actividades relacionados con esas pasiones existen en tu entorno o en línea? Con base en tus intereses ya definidos, busca activamente una comunidad o grupo y planifica tu primera interacción. Puede ser asistir a una reunión, unirte a un foro en línea o participar en un evento. Comprométete a dar este paso concreto en el próximo mes y observa cómo se siente conectar con personas que comparten tus aficiones nuevas (o redescubiertas).

Cultivar activamente tus conexiones es esencial para una jubilación rica y feliz. Al poner energía e intención en tus relaciones, basándote en el conocimiento que ya tienes sobre ellas, estás construyendo una red de apoyo y alegría que te acompañará en esta etapa emocionante. Elige hoy una de estas acciones y fortalece esos valiosos vínculos.

## f) Viajar a tu propio ritmo: Acciones para explorar el mundo a tu manera

Una de las libertades más anheladas de la jubilación es, para muchas personas, la posibilidad de viajar. Ya no estás limitado por calendarios laborales rígidos ni por la necesidad de condensar tus exploraciones en unas pocas semanas al año. Ahora, el mundo (o al menos una parte de él) está a tu disposición para ser descubierto a tu propio ritmo, de la manera que elijas. Esta sección no es para soñar con destinos lejanos, sino para empezar a planificar y ejecutar tus propias aventuras de viaje.

Considera los viajes en la jubilación no solo como una serie de destinos, sino como una extensión de tu nueva coreografía de vida. Es una oportunidad para aplicar esa libertad tan bien ganada, nutrir tu curiosidad (conectando con la sección b de pasiones) y crear experiencias memorables que enriquezcan tu espíritu (relacionadas con la sección c de crecimiento personal y la alegría en las pequeñas cosas).

Llevar esto a la práctica implica pasar de la idea de «algún día viajaré» a «¿qué puedo hacer hoy para que mi próximo viaje suceda?». Supone definir qué tipo de viajero o viajera quieres ser en esta etapa, investigar activamente tus opciones y dar pasos concretos para convertir tus deseos de viaje en realidad. Ya sea una escapada de fin de semana, un viaje por carretera más largo, una inmersión cultural en otro país o, simplemente, explorar lugares cercanos que nunca has visitado, la clave es la acción.

Aquí tienes las acciones concretas para empezar a viajar a tu propio ritmo:

Ejercicio 1 - Define tu estilo de viaje en la jubilación - Con la libertad de tiempo que ahora tienes, y los recursos financieros (bajos o altos) que hays podido dedicar para este propósito, decide ¿cómo te gustaría realmente viajar? ¿Prefieres viajes largos o cortos? ¿Con planificación detallada o con más espontaneidad? ¿En solitario, en pareja, con amistades o en grupos organizados? ¿Te atraen destinos tranquilos y contemplativos o activos y llenos de aventura? Tómate tiempo para reflexionar sobre tus preferencias actuales (que pueden haber cambiado desde cuando trabajabas) y anota en tu diario cómo sería tu «estilo de viaje ideal en la jubilación». Esta claridad inicial es fundamental para enfocar tus siguientes pasos.

Ejercicio 2 - Investiga y planifica tu próximo micro viaje o escapada corta - No esperes a tener planificado el gran viaje. Elige un destino cercano o una escapada breve que te interese y dedica tiempo esta semana a investigarlo activamente. Busca información sobre transporte, alojamiento, actividades y posibles costos. El objetivo es pasar de la idea a una acción de planificación concreta, incluso para un viaje sencillo. Define fechas tentativas y los primeros pasos a seguir (por ejemplo, «buscar opciones de alojamiento para el fin de semana de X en el lugar Y»). Anota tu investigación y tu plan inicial en tu diario.

Ejercicio 3 - Consulta tu «lista de deseos de viaje en acción» que hubieras creado previamente y define un primer paso para cada uno - Haz una lista de 3 a 5 lugares (cercanos o lejanos) que realmente te gustaría visitar en los próximos años. Para cada lugar de tu lista, identifica una primera acción concreta que puedas realizar pronto para acercarte a ese viaje. Por ejemplo: «buscar información general sobre [destino]», «crear una carpeta en mi computadora para guardar ideas sobre [destino]», «suscribirme a boletines de viaje sobre [región]» y «preguntar a amistades que hayan visitado [destino]». Además, considera investigar presupuestos estimados para estos viajes, ya que el aspecto financiero es clave para tu tranquilidad. Elige una de estas acciones para tu destino prioritario y ejecútala esta semana.

Llevar a la acción tus deseos de viajar, comenzando por definir tu estilo y dar pequeños pasos de planificación, es la manera más efectiva de asegurar que la posibilidad de explorar el mundo a tu propio ritmo se convierta en una realidad alegre durante tu jubilación. ¡Empieza a planificar tu próxima aventura hoy mismo!

## g) Orquestar tu coreografía maestra: Integración activa y continua

A lo largo de este capítulo final hemos recorrido un camino práctico, centrado en la acción: ejercer tu libertad sin ataduras, redescubrir y perseguir tus pasiones, encontrar alegría en la sencillez, viajar a tu propio ritmo, nutrir tu crecimiento personal y cultivar tus conexiones significativas. Cada una de estas secciones te ha ofrecido herramientas y acciones concretas para construir distintas partes de tu nueva vida en la jubilación. Ahora, el desafío y la oportunidad residen en unir todas estas partes en una coreografía fluida y con sentido que sea auténticamente tuya.

Considera todo lo que has practicado no como elementos aislados, sino como movimientos que se entrelazan para crear la danza única de tu jubilación. Tu nueva coreografía no es un conjunto rígido de pasos a seguir, sino una combinación dinámica de actividades, relaciones, momentos de calma y exploración que se adaptan a tus ritmos internos y a lo que la vida te presenta. La clave es la integración activa: decidir conscientemente cómo mezclar y equilibrar estos elementos en tu vida cotidiana, semana a semana.

Llevar esto a la práctica implica revisar periódicamente cómo estás viviendo tu coreografía y hacer los ajustes necesarios. Esto es un proceso continuo, no un destino final. Es una práctica de autoconciencia, adaptación y compromiso constante con tu bienestar y tu propósito.

A continuación, las acciones concretas para orquestar e integrar tu coreografía maestra:

Ejercicio 1 - Diseña tu "semana ideal integrada" - Con base en los ejercicios y descubrimientos de las secciones a) a f), toma una hoja de papel o una herramienta digital y bosqueja cómo sería una "semana ideal" para ti, integrando elementos de cada área. ¿Cómo se vería una semana que combine tiempo para la libertad espontánea, espacio para tus pasiones, momentos para los placeres sencillos, tiempo para planear o hacer viajes, dedicación a tu crecimiento personal y esfuerzo activo en nutrir tus relaciones? No busques la perfección; busca un equilibrio que resuene contigo y te parezca viable. Este es tu borrador de tu coreografía semanal.

Ejercicio 2 - Implementa y revisa tu coreografía semanal - Durante la próxima semana, intenta vivir tu "semana ideal integrada" lo más posible. Al final de cada día o al final de la semana, revisa cómo te fue. ¿Qué funcionó bien? ¿Qué fue difícil de integrar? ¿Qué te gustaría ajustar para la próxima semana? Anota tus observaciones en tu diario. La meta no es cumplir la semana a la perfección, sino practicar la integración y aprender qué te funciona mejor en la práctica.

Ejercicio 3 - Establece un ritual de "afinación de la coreografía" - Decide una frecuencia (mensual o trimestral, por ejemplo) para realizar un ritual personal de "afinación". En este ritual, revisa tus listas, tus apuntes y tus planes de acción de las secciones anteriores. Reflexiona sobre qué áreas están funcionando bien, cuáles necesitan más atención y si tus prioridades o intereses han cambiado. Ajusta tu "semana ideal integrada" y tus planes de acción según sea necesario. Este ritual es tu compromiso activo con la mejora continua y con mantener tu coreografía fresca y alineada con quién eres siempre.

## RESUMEN DEL CAPÍTULO:

Hemos llegado al final de este capítulo, el último de las "10 R's", y con ello, la culminación de un viaje de autodescubrimiento y diseño intencional. A lo largo de estas páginas, te hemos invitado a regocijarte en la libertad que te ofrece la jubilación—una libertad que va más allá de la ausencia de obligaciones y se manifiesta en la presencia de infinitas posibilidades para hacer lo que realmente deseas.

Has aprendido a tomar las riendas de tu tiempo, a llevar la batuta de tu propia orquesta, eligiendo conscientemente cómo invertir cada momento con intención y propósito.

Este capítulo te ha guiado a redescubrir tus pasiones dormidas, convirtiendo la exploración en un laboratorio de acción personal, donde la experimentación y el "hacer" son las claves para encender tu chispa vital. Te hemos animado a encontrar la alegría en lo cotidiano, transformando los pequeños momentos en fuentes de felicidad y practicando la gratitud como un músculo que se fortalece día a día. También te impulsamos en tu viaje de crecimiento personal, recordándote que la jubilación es una fase rica para la introspección activa y para nutrir continuamente tu espíritu.

Hemos enfatizado la importancia de cultivar conexiones porque las relaciones humanas son el pilar fundamental de una jubilación plena y feliz, invitándote a fortalecer los lazos existentes y a abrirte a nuevas comunidades. Te hemos mostrado cómo viajar a tu propio ritmo puede ser una extensión de tu nueva vida coreográfica, explorando el mundo en tus propios términos y acumulando experiencias que enriquezcan tu espíritu. Por último, te hemos guiado en el arte de orquestar tu coreografía maestra, integrando todos estos elementos en una danza fluida y significativa que sea auténticamente tuya, con flexibilidad y adaptación continua.

Ya lo hemos dicho en repetidas ocasiones; Este no es el final del camino, sino el verdadero comienzo de una etapa en la que tú eres la absoluta protagonista o el absoluto protagonista. La jubilación no es un destino estático, sino un proceso dinámico de creación y adaptación. Todas las herramientas y reflexiones que hemos compartido a lo largo de las "10 R's" ahora son tuyas para aplicar.

La música de tu jubilación ya está sonando. Es tu oportunidad de salir al a la pista de baile, con la sabiduría de lo vivido y la ilusión por lo que viene. Baila tu coreografía con pasión, propósito y con una alegría que resuene en cada paso. ¡Este es tu tiempo para florecer!

Orquestar tu coreografía es un acto de empoderamiento y de autogestión. Al integrar activamente todos los elementos de una jubilación plena, no solo estás diseñando la vida que mereces, sino que también la estás viviendo activamente, día a día. La música ya está sonando. Es tu momento de bailar.

# CAPÍTULO 11

## CAPÍTULO FINAL: ¡MANOS A LA OBRA! DISEÑAR LA VIDA QUE MERECES VIVIR

"No esperes para empezar a actuar. Nunca es 'el momento adecuado'. Comienza donde estás y trabaja con las herramientas que tengas a tu alcance; encontrarás mejores herramientas a medida que avances."

GEORGE HERBERT (A MENUDO, ATRIBUIDA A NAPOLEÓN HILL)

¡Felicidades! Has llegado a este punto del viaje.Considera este capítulo el verdadero punto de arranque. Hemos explorado juntos las "10 R's" que me han servido a mí como una de brújula en el amplio territorio de la jubilación gozosa, desmitificando miedos, reequilibrando perspectivas y redescubriendo posibilidades. Es mi deseo sincero que te sirvan a ti de la misma forma. Ahora, con todo ese autoconocimiento y las herramientas en la mano, es el momento crucial de pasar a la acción. Este capítulo final es tu espacio para integrar todo lo aprendido y, literalmente, ponerte "manos a la obra" para diseñar y vivir la vida plena y alegre que mereces en esta etapa nueva y emocionante.

Tu vida en la jubilación no es una línea recta ni un camino predefinido por otras personas. Es una danza única, a tu propio ritmo, con tus propias pausas, giros y movimientos—una coreografía que se crea día a día, con intención, creatividad y libertad para improvisar.

busca estas alturas del libro, no pretendemos darte una plantilla rígida, sino hacerte una invitación a convertir todo lo explorado en una práctica viva. Es hora de integrar la reflexión con la acción, de permitir que tus valores guíen tus pasos y que tu propósito se manifieste en cada elección. Diseñar tu nueva coreografía implica armonizar tu bienestar, tus relaciones, tus pasiones y tu contribución al mundo de una forma que te llene de energía y alegría.

En las próximas páginas, exploraremos cómo puedes tomar todos los elementos que has descubierto y empezar a integrarlos de forma práctica en tu vida cotidiana. Veremos cómo mantener viva la curiosidad, cómo nutrir tus conexiones significativas, cómo seguir contribuyendo con tu talento desde un lugar de libertad y cómo, sobre todo, seguir celebrando la vida con alegría.

**Tu llamado a la acción es claro:**

- **Toma la iniciativa:** No esperes a que la vida simplemente "suceda". Diseña activamente tus días, tus proyectos y tus relaciones.
- **Experimenta sin miedo:** Atrévete a probar nuevas actividades, a explorar intereses que antes parecían inalcanzables. Permítete equivocarte y aprender en el proceso.
- **Sé tú la coreógrafa o el coreógrafo de tu tiempo:** Equilibra la actividad con el descanso, la

conexión con la introspección y la contribución con el disfrute personal.

- **Celebra cada paso:** Reconoce tus pequeños avances y victorias cotidianas. Cada momento de alegría, cada aprendizaje y cada conexión significativa es un triunfo que alimenta tu bienestar.
- **Vive con intención y alegría:** Que cada elección en esta nueva etapa esté alineada con tus valores más profundos y te acerque a la vida plena y con sentido que mereces.

### Un breve recorrido final por las 10 R's

Recordemos brevemente los pilares que hemos construido a lo largo de los capítulos anteriores:

- **R1: Revisa tu situación actual:** Para comprender tu punto de partida y tomar decisiones informadas con compasión.
- **R2: Reequilibra y reasigna tu tiempo:** Para tomar control consciente de tu agenda y vivir con mayor plenitud.
- **R3: Relájate y busca bienestar emocional:** Para cuidar tu salud mental y emocional, permitirte descansar y encontrar la paz interior.
- **R4- Reconcíliate y acepta lo que dejaste atrás o lo que aún no has hecho:** Para afrontar el pasado, aprender de él y liberarte de cargas.
- **R5: Reflexiona sobre lo que importa:** Para profundizar en tus valores y prioridades más auténticos, considera qué le da verdadero sentido a tu vida hoy.
- **R6: Recarga energías y explorar nuevas pasiones:** Para descubrir o reconectar con aquellas

actividades que encienden tu chispa y te llenan de vitalidad.

- **R7: Reinvéntate y reconfigura tu forma de pensar:** Para abrazar la flexibilidad y redefinir quién eres con apertura al cambio.
- **R8: Redescubre el propósito y las relaciones:** Para encontrar un nuevo sentido en tus días y nutrir tus vitales conexiones humanas.
- **R9: Retribuye lo que has recibido:** Corresponde con acciones significativas: Para aportar tu experiencia y talento, dejando una huella de gratitud.
- **R10: Regocíjate en la libertad y la nueva vida:** Para saborear la alegría y la gratitud en lo cotidiano, celebrando la libertad alcanzada.

Cada una de estas "R's" te ha brindado introspección y orientación. Ahora, la magia ocurre al integrarlas y convertirlas en acción viva.

## LA REALIDAD DE LA JUBILACIÓN: LUCES Y SOMBRAS

Es importante abordar una vida jubilosa en la jubilación con una perspectiva realista, reconociendo tanto su inmenso potencial como sus desafíos inherentes. Las estadísticas nos muestran un panorama diverso de experiencias:

### Buenas noticias:

Numerosos estudios indican que la mayoría de las personas jubiladas reportan altos niveles de felicidad y satisfacción con sus vidas. Muchas sienten que la jubilación es incluso mejor de lo que esperaban. La posibilidad de pasar más tiempo con la familia y las amistades, dedicarse a pasatiempos y viajar son fuentes significativas de alegría. Un fuerte sentido de propósito, conexiones sociales sólidas y mantener la curiosidad se correlacionan altamente con una jubilación feliz (Wealth Enhancement Group, The Retirement Manifesto, Gallup News).

## Desafíos comunes:

Sin embargo, la jubilación también presenta obstáculos. Las preocupaciones financieras son una fuente significativa de estrés para muchas personas; una proporción considerable de jubilados tiene dificultad para cubrir sus gastos o teme quedarse sin ahorros. El impacto de perder una rutina de trabajo, la posible falta de propósito, el aislamiento social y los retos de salud pueden derivar en sentimientos de ansiedad, depresión y soledad en algunos casos. Una jubilación anticipada no planificada o forzada también puede tener un impacto negativo (National Bureau of Economic Research, Charles Schwab, Morgan Stanley).

Este capítulo "Manos a la obra" está diseñado precisamente para ayudarte a maximizar las "luces" y navegar con éxito por las "sombras" de la jubilación, pasando de la teoría a la práctica activa.

## Recomendaciones para una vida plena en la jubilación:

Con base en mi propia experiencia, la aplicación de las 10 R's y la investigación sobre la jubilación exitosa, aquí tienes algunas recomendaciones clave para tu estilo de vida, todas enfocadas en la acción:

- **Mantén actividad (física y mental)** (Recarga energía y explora nuevas pasiones): El movimiento es vida en todas sus formas. Integra ejercicio regular en tu rutina (caminar, nadar, bailar, etc.). Desafía constantemente tu mente aprendiendo cosas nuevas, leyendo, jugando a juegos de estrategia o tomando clases.

- **Cultiva y nutre tus relaciones** (Redescubre el propósito y las relaciones): Las conexiones sociales son un predictor clave de la felicidad y la longevidad en la jubilación. Dedica tiempo intencional a tu familia y amistades. Busca nuevas oportunidades para conectar con personas que compartan tus intereses. No te aísles; la comunidad es vital.
- **Encuentra y persigue un propósito (o varios)** (Redescubre el propósito y las relaciones): Tener una razón para levantarte por la mañana es fundamental. Esto puede venir del voluntariado, un trabajo de medio tiempo haciendo algo que te apasiona, el cuidado voluntario de los nietos, dedicarte a una causa que te importe o sumergirte profundamente en tus pasatiempos. La clave es sentir que tu tiempo tiene significado.
- **Establece una rutina flexible** (Rebalancea y reasigna tu tiempo): Aunque la libertad es maravillosa, la falta total de estructura puede llevar a confusión y falta de rumbo. Crea una rutina diaria o semanal que incorpore actividades significativas, tiempos de descanso y espacio para la espontaneidad. Define tu propio ritmo.
- **Gestiona activamente tus finanzas:** (Revisa tu situación actual): Aunque este libro no trata de planificación financiera, tener una comprensión clara de tu situación y un plan para gestionar tus recursos te dará tranquilidad y la libertad de enfocarte en vivir plenamente. Si es necesario, busca asesoría profesional. Las preocupaciones financieras son reales, pero enfrentarlas proactivamente reduce el estrés.
- **Abraza el aprendizaje continuo y la adaptación** (Reinvéntate y reconfigura tu forma de pensar): La vida no deja de cambiar, y tú tampoco

deberías. Mantente abierto/a a aprender nuevas habilidades, adaptarte a nuevas circunstancias y ajustar tu coreografía a medida que evolucionas. La curiosidad es un motor poderoso.

- **Practica la gratitud y disfruta de los placeres sencillos** (Regocíjate en la libertad y la nueva vida): Cultiva la capacidad de encontrar alegría en los pequeños momentos cotidianos. La gratitud te conecta con lo positivo y amplifica la felicidad disponible a tu alrededor.

## TU COREOGRAFÍA PERSONAL: LA DANZA CONTINUA

Aquí hemos presentado secciones llenas de acciones concretas para poner en práctica todos estos conceptos: desde diseñar tu día ideal y explorar pasiones hasta cultivar relaciones y encontrar la paz en la simplicidad. Recuerda que estos ejercicios no son tareas para completar y olvidar, sino invitaciones a integrar estas prácticas en el día a día de tu vida en jubilación.

Tu nueva coreografía es dinámica. Habrá días fluidos y armoniosos, y otros en los que los pasos no salgan como esperabas. Está bien. La clave es la intención, la práctica constante y la disposición para ajustar tu baile a medida que aprendes y creces.

## EL ESCENARIO ES TUYO

Has llegado a la jubilación con una riqueza única de experiencia, sabiduría y potencial. Se alza el telón de un nuevo acto de tu vida, lleno de posibilidades de alegría, propósito y crecimiento. No hay una unica manera "correcta" de jubilarse; solo existe tu manera de hacerlo.

Usa las 10 R's como tu brújula y las secciones "Manos a la obra" como tu guía práctica. Vuelve a ellas con frecuencia, revisa tus ejercicios, celebra tus avances y no temas experimentar. Tu jubilación es tu obra maestra creada paso a paso, día a día.

El escenario está listo. La música es tuya. Sal y baila la vida que mereces vivir, con alegría, propósito y autenticidad.

¡El viaje continúa!

## RECURSOS Y EJERCICIOS

Considera esto una caja de herramientas, un compendio práctico diseñado para acompañarte activamente en diseñar y vivir tu jubilación plena. A lo largo de los capítulos anteriores, exploramos las "10 R's" como brújula, y en el capítulo final nos pusimos "Manos a la obra" con acciones concretas en varias áreas de tu nueva vida. Aquí consolidamos todos esos ejercicios y recursos sugeridos, organizados para que puedas acceder a ellos con facilidad y usarlos como tu guía personal en este emocionante viaje.

Considera esta lista como tu plan de acción en progreso. Vuelve a ella con frecuencia, elige los ejercicios que resuenen contigo en cada momento, adáptalos a tus necesidades y celebra cada paso que des hacia construir la vida que mereces vivir.

### Ejercicios clave para la acción y para diseñar tu jubilación:

- **Evalúa tu punto de partida y define tu rumbo interior (R1, R3, R4, R5)**
    - Realiza la evaluación de tu situación actual.
    - Explora tus miedos y expectativas sobre la jubilación.
    - Identifica los arrepentimientos del pasado para aprender y liberarte.
    - Define tus valores fundamentales y lo que realmente importa.

  - Visualiza y escribe tu declaración de propósito personal.
- **Diseña y experimenta con tu tiempo y libertad (R2, R10)**
  - Diseña y vive tu "Día soñado"
  - Activa un día de total espontaneidad.
  - Esboza tu "Semana ideal integrada".
  - Implementa y revisa periódicamente tu "Semana ideal".
- **Activa y explora tus pasiones e intereses (R6)**
  - Crea tu "Catálogo de acciones para tus pasiones".
  - Elige y ejecuta una acción de tu catálogo cada semana.
  - Establece una rutina regular para la experimentación de pasiones.
- **Cultiva conexiones significativas y expande tu círculo social (R8)**
  - Toma acción con tus relaciones clave.
  - Implementa tiempo de calidad real.
  - Activa la conexión con nuevas comunidades.
- **Impulsa tu crecimiento personal y tu bienestar interior (R3)**
  - Inscríbete en un taller o seminario de desarrollo personal.
  - Implementa una práctica diaria de escritura en tu diario.
- **Encuentra y saborea la alegría en lo cotidiano (R10)**
  - Empieza tu "Diario de pequeñas alegrías".
  - Practica la pausa consciente del disfrute.
  - Crea tu "Frasco de logros y alegrías".
- **Planifica y ejecuta tu experiencia de viaje (R6)**
  - Define tu "estilo de viaje en la jubilación".

    - Investiga y planifica tu próximo micro viaje o viaje corto.
    - Crea tu "lista de viajes deseados" y define un primer paso para cada uno.
- **Crea tu espacio de paz y tranquilidad (R3)**
    - Diseña y prepara un "Rincón de paz" personal.
    - Programa un tiempo regular para tu "Hora sagrada" semanal.
- **Establece un ritual continuo de revisión y afinación (R7)**
    - Define una frecuencia regular para revisar tus avances y ajustar tu coreografía de vida.

Esta lista consolidada es tu mapa y tu caja de herramientas. La jubilación es una oportunidad increíble para diseñar y vivir una vida con profundo sentido y alegría. Ya tienes la teoría; ahora es momento de la acción constante y consciente.

# BIBLIOGRAFÍA Y OTRAS FUENTES

Aquí comparto las principales fuentes y referencias que sirvieron de inspiración y la base del contenido de este libro, así como otros recursos recomendados para profundizar en el camino hacia una jubilación plena y alegre.


- "Rock Retirement: una guía sencilla para ayudarte a tomar el control y ser más optimista sobre el futuro - Roger Whitney.
- De fortaleza a fortaleza: encontrar éxito, felicidad y propósito profundo en la segunda mitad de la vida - Arthur C. Brooks.
- Cielo o infierno de la jubilación – ¿cuál elegirás? - Mike Drak, con Susan Williams y Rob Morrison.
- Piedras de paso hacia la jubilación – encuentra sentido, vive con propósito y deja un legado - Tony Hixon.
- Tu hoja de ruta segura para la jubilación – una guía poderosa para planificar y vivir una jubilación profundamente plena y próspera - Frank Gutta, CPA, PFS.
- Los cinco grandes arrepentimientos de los moribundos - Bronnie Ware.
- El colectivo de la jubilación: sabiduría compartida de los mejores coaches de jubilación - Asociación de Coaches de Retiro.


## PODCASTS:


The retirement answer man show - Roger Whitney.
Las 4 fases de la jubilación – Dr. Riley Moynes (charla TED).
Podcast de los años de retiro - Mary Ellen French y Dave Wing.
The retirement manifesto – Fritz Gilbert.


Espero que estas fuentes te sean útiles y te animen a continuar explorando y enriqueciendo tu camino hacia una jubilación con propósito.

# ACERCA DEL AUTOR

## CÉSAR A. AGUIRRE

César ofrece un testimonio vivo de cómo reinventarse con propósito. Tras una exitosa carrera de más de cuarenta años en el mundo empresarial, se jubiló en junio de 2023. El nunca vio su jubilacion como un final de algo, sino como un comienzo lleno de energía. Su transición a esta nueva etapa ha sido cuidadosamente planificada y ejecutada, y su mayor deseo es compartir sus experiencias, aprendizajes, obstáculos y logros en este proceso, inspirando así la creación de este libro.

A lo largo de estas páginas, César comparte sus ideas para capacitar a otros en aspectos esenciales, como lograr una jubilación con propósito, además de ofrecer asesoramiento a pequeñas y medianas empresas en desarrollo de talento y planificación de sucesiones. Su historia personal funciona como una guía auténtica que demuestra el efecto positivo de abordar esta etapa con intención y entusiasmo.

Más allá de su camino personal hacia una jubilación con propósito, César es un hombre con profundos valores familiares, firmemente arraigados desde sus primeros días como Scout. Casado desde hace más de cuatro décadas, valora y disfruta de su familia, que incluye a sus dos hijos y cinco nietos. Es una persona activa que disfruta de pasear en bicicleta, jugar al pickleball, comer bien (se considera un amante de la buena gastronomía) y se deleita intentando preparar diferentes platos. Él y su esposa, Silvia, residen en Minneola, Florida, desde 2024.

La singular combinación de experiencia de vida, formación empresarial, exploración personal y entusiasmo por vivir que posee César brinda a los lectores una guía motivadora y accesible para planificar una jubilación que sea tanto significativa como llena de júbilo.

www.ingramcontent.com/pod-product-compliance
Lightning Source LLC
LaVergne TN
LVHW040426051026
849517LV00002B/483
* 9 7 9 8 9 0 0 0 2 6 5 5 8 *